PROFIL HISTOIRE LITTÉRAIRE
Collection créée par Georges Décote

Le biographique

ANNIE OLIVER
Certifiée de Lettres
Professeur à l'université de Cassino (Italie)

Sommaire

 ISSN 0750-2516 ISBN 2-218-73608-X

Édition : Benoît BERTHOU
Maquette : Graphismes
Mise en page : Graphismes

FICHE PROFIL

Le biographique

QU'EST-CE QUE LE BIOGRAPHIQUE ?

Le champ biographique regroupe des textes qui ont pour caractéristique commune de raconter la vie d'une personne réelle et non imaginaire. Ces textes sont dits « **référentiels** » car ils parlent de personnes, de lieux, d'événements ayant un référent réel et direct dans le monde. Pour les différencier des textes dits de « **fiction** », il faut être attentif au « **pacte** » ou « **contrat** » **de lecture** que l'auteur établit avec ses lecteurs.

En s'identifiant à un puissant moyen de narration, l'écriture, ces expressions de vécus personnels ont donné lieu à des formes littéraires comme l'autobiographie, les mémoires, le journal intime, la biographie ou le récit de vie.

LES GENRES DU BIOGRAPHIQUE

- **Les mémoires :** un auteur, qui a été le témoin ou l'acteur d'événements historiques, fait, à la première personne, un récit rétrospectif de sa vie où le public prime sur le privé.
- **Le journal intime :** l'auteur consigne chaque jour les événements de sa vie privée et ses pensées pour tenter de cerner son "moi".
- **L'autobiographie :** dans ce récit rétrospectif écrit à la première personne, l'auteur veut porter à la connaissance du lecteur l'histoire de sa personnalité en insistant sur son enfance.
- **La biographie :** la vie d'un personnage historique ou célèbre est racontée à la troisième personne par un auteur qui s'appuie sur une documentation et des témoignages précis.
- **Le récit de vie :** une personne raconte sa vie à une autre qui en fait le récit écrit (mais reste parfois dans l'ombre).

Analyse des différents genres du biographique	AUTEUR = NARRATEUR	AUTEUR = PERSONNAGE PRINCIPAL	Récit d'une vie privée (et non publique)	RÉCIT RÉTROSPECTIF	EXEMPLES (ŒUVRES)
LES MÉMOIRES	+	+	-	+	F. R. de Chateaubriand, *Mémoires d'outre-tombe* (éd. posthume, 1848-1850) A. Malraux, *Antimémoires* (1967)
LE JOURNAL INTIME	+	+	+	+ -	A. Gide, *Journal* (1939-1950) A. Frank, *Journal* (éd. posthume,1947)
L'AUTOBIOGRAPHIE	+	+	+	+ +	J.-J. Rousseau, *Les Confessions* (éd. posthume,1789) J.-P. Sartre, *Les Mots* (1964) N. Sarraute, *Enfance* (1983)
LE ROMAN AUTOBIOGRAPHIQUE	-	+	+ -	+	B. Constant, *Adolphe* (1816) J. Vallès, *L'enfant* (1879)
L'AUTOFICTION OU LA FICTION	?	?	+	+	P. Modiano, *Livret de famille* (1977) M. Duras, *L'Amant* (1984)
AUTOBIOGRAPHIQUE LE RÉCIT DE VIE	+ -	+ -	+ -	+	O. Lewis, *Les enfants de Sanchez* (1963) P. Bourdieu, *La misère du monde* (1993)
LA BIOGRAPHIE	+	-	+ -	+	Hitchcock/Truffaut, *Hitchcock* (1989) J. Lacouture, *François Mitterrand* (1998) F. Giroud, *Marie Curie. Une Femme* (1981)

PREMIÈRE PARTIE

Qu'est-ce que le biographique ?

1 Les formes du biographique

L'ensemble de textes que l'on peut ranger dans le champ du biographique a comme point commun de faire apparaître les enjeux de l'expression de soi et l'image d'une personne.

DÉFINITION DU BIOGRAPHIQUE

Le substantif masculin singulier « biographique » ne doit pas être confondu avec l'adjectif « biographique », qui désigne ce qui est relatif à la biographie même s'il peut être aussi utilisé dans cette acception. En effet, « le biographique » désigne aujourd'hui l'ensemble des textes racontant la vie d'une personne ayant existé. Ces parcours de vies sont dits référentiels et s'opposent aux œuvres de fiction – comme le roman, le conte ou la nouvelle.

Le critique Philippe Lejeune, auteur du *Pacte autobiographique*, (Seuil), emploie plutôt l'expression de « champ » – ou d'« espace » – biographique. En élargissant ses recherches sur l'autobiographie aux « récits de vie sous toutes les coutures », Lejeune s'est également intéressé aux formes de l'autobiographie écrite en collaboration, à la biographie, au récit d'enfance, au journal personnel, à l'autofiction. À côté de ces formes littéraires de vécu personnel, des dénominations non littéraires sont apparues, comme récit de vie ou histoire de vie.

Le genre du biographique apparaît ainsi comme un ensemble qui, littéralement, prend la vie comme objet et objectif d'expression. C'est d'ailleurs ce que l'étymologie du terme « biographique » souligne : le mot grec *bio* renvoie à la *vie* définie comme « l'ensemble des activités et des événements qui remplissent pour chaque individu l'espace de temps compris entre la vie et la mort ». La deuxième racine grecque, *graphie,* met l'accent sur le fait que le biographique relève d'abord de l'*écriture*. Le biographique serait donc une vie qui s'écrit ou qui est écrite.

Si le roman autobiographique de Jorge Semprun s'intitule *L'Écriture ou la vie*, Gabriel Garcia Marquez a intitulé le sien *Vivir para escribir*. Et quand Sterne confie dans une lettre : « J'apprends avec quelle rapidité ma vie suit ma plume », Perec paraphrase l'incipit de *La Recherche du Temps perdu* de Marcel Proust en : « Longtemps je me suis couché par écrit » et signe: « Parcel Mroust »!

LES ÉTAPES DE LA CONNAISSANCE DE SOI ET DE L'AUTRE

Préfigurations et tradition religieuse

Les histoires de vie écrites (appelées « bios ») apparaissent en Grèce au Ve siècle avant J.-C. Mais ce n'est que dix siècles plus tard, au Ve siècle après J.-C., que l'on trouve la dénomination « biographie ». Le terme d'« hagiographie » n'apparaîtra que vers 1500 et désigne d'abord les biographies de saints, puis, dans un sens élargi, une biographie extrêmement louangeuse : les quatre *Évangiles*, qui constituent les quatre premiers livres du Nouveau Testament, en sont l'archétype.

Les *Confessions* de saint Augustin, vers 400, représentent la première autobiographie reconnue. En poussant la connaissance de soi jusqu'à ses extrêmes limites, cet ouvrage, dont Rousseau empruntera le titre, propose une autobiographie mystique et militante dont l'objectif premier est la connaissance de Dieu. Le modèle augustinien de la confession écrite inaugure une longue tradition religieuse, qui donne lieu, au XVIIe siècle, à de nombreuses publications comme le *Traité de la connaissance de soi-même* du moine François Lamy. Toutefois, des voix s'élèvent contre ce projet d'écriture de soi. Pascal se demande : « Qu'est-ce que le moi? », mais aussi « Où est le moi? », étant donné que l'homme peut changer d'aspect physique ou perdre la mémoire. Pour Pascal, « le moi est haïssable », et il condamne « le sot projet qu'il a eu de se peindre » de Montaigne.

Genres profanes et promotion de l'individu

Au XIVe siècle, le mot « histoire » signifie « raconter »; « journal » désigne une « relation d'événements quotidiens »; « mémoire », au masculin, un « écrit pour que mémoire en soit gardée ». Ce n'est qu'au XVIe siècle que vont se développer des habitudes d'écriture de la vie privée (le Journal, mais pas forcément « intime », → p. 38) et de la vie publique (→ LES MÉMOIRES, p. 26).

Montaigne, avec ses *Essais*, inaugure en 1580 un genre autobiographique que l'on appelle également « autoportrait » Sans raconter sa vie de manière suivie et exhaustive, Montaigne cherche à appréhender son « moi » à la fois dans sa singularité et son universalité. Il préfigure les œuvres d'Amiel, de Gide, de Leiris, de Barthes.

Au XVIIIe siècle, le siècle des Lumières, un bouleversement radical dans l'histoire politique va provoquer l'émergence de textes radicalement nouveaux. Les « Philosophes », auteurs de l'*Encyclopédie,* veulent faire l'inventaire du savoir humain en plaçant l'individu au centre de ce processus de connaissance. Le savoir est considéré comme un gage de liberté et de bonheur.

Avec la Révolution de 1789 et la *Déclaration des droits de l'homme et du citoyen*, on assiste à l'émergence de l'individu comme valeur. Si dans la vie politique il devient « citoyen », dans la littérature c'est le « moi » qui est au centre des préoccupations. Il est donc remarquable de constater que la deuxième partie des *Confessions* de Rousseau paraît aussi en 1789, précédant d'une dizaine d'années l'apparition du mot « autobiographie ».

Pour Lejeune, il s'agit là d'un « phénomène radicalement nouveau dans l'histoire de la civilisation [...]: l'usage de raconter et de publier l'histoire de sa propre personnalité ». De fait, ce qui est « nouveau », c'est la promotion littéraire de l'autobiographie, qui va de pair avec le besoin qu'éprouve l'individu de se saisir en tant qu'unité et d'exprimer sa vie par écrit. Rousseau, par ailleurs, en donnant le premier une place capitale au récit de son enfance comme « première cause » de ce qu'il est devenu, semble préfigurer les théories freudiennes.

La psychanalyse et la découverte de l'inconscient

Né en 1856 en Autriche, Sigmund Freud fonde une nouvelle discipline, la psychanalyse, orientée vers l'étude de ce qu'il nomme l'Inconscient. Dans ses études de cas d'hystéries et de névroses, Freud découvre que le facteur de la vie psychique le plus important n'est pas tant le vécu, mais les fantasmes[1] du sujet. Toute réalité passe par la formulation dans la parole, et peu importe de savoir si le patient rend compte d'une réalité exacte.

Dans *Psychopathologie de la vie quotidienne* (1904, Gallimard), Freud étudie les « souvenirs écrans » dans les souvenirs d'enfance: « Ce qu'on trouve dans les soi-disant souvenirs de la première enfance, ce ne sont pas les vestiges d'événements réels, mais une élaboration ultérieure de ces vestiges. » Freud donne donc la preuve qu'il est impossible de faire un récit biographique de l'inconscient, et encore moins un récit autobiographique. L'idée d'une personnalité cohérente et transparente n'est plus acceptable. Avec la théorie de l'inconscient – ce qui échappe entièrement à la conscience mais peut se manifester dans les rêves, les lapsus ou les actes manqués, par exemple – Freud va jeter le doute sur toute possibilité de se connaître soi-même ou de connaître l'autre.

Il est donc évident qu'après Freud les récits de vie n'auront plus la même « innocence ». Certains auteurs, comme Malraux ou Sarraute, affichent leur désintérêt pour la psychanalyse ; d'autres, comme Robbe-Grillet, s'en amusent. En revanche, Michel Leiris ou Georges Perec savent admirablement conjuguer l'écriture du moi avec cette problématique de la personnalité.

1. *Fantasme*: fiction fabriquée avec des éléments quasi autobiographiques, grâce à laquelle le sujet met en scène une solution pour régler son rapport au monde et au langage.

ÉCRITURES ET MARGES DU BIOGRAPHIQUE

Jean-Bertrand Pontalis, un psychanalyste contemporain, auteur en 1986 d'une autobiographie – *L'amour des commencements* –, dirige une collection littéraire intitulée « L'un et l'autre » (Gallimard) qui regroupe des textes à mi-chemin entre la biographie et l'autobiographie : « Des vies, mais telles que la mémoire les invente... », car « toute histoire, si véridique qu'elle se veuille, est une reconstruction opérée à partir du présent » :

> L'un et l'autre : l'auteur et son héros secret, le peintre et son modèle. Entre eux, un lien intime et fort. Entre le portrait d'un autre et l'autoportrait, où placer la frontière ?

Autobiographie et biographie

Jusqu'au XVIIIe siècle, l'autobiographie est une variété de la biographie. On trouve aussi, dans ces deux genres, des schémas communs, appelés *topoi* : la légende familiale (parents, ancêtres, enfance), le récit de vocation, la sacralisation des éléments les plus quotidiens, la valeur exemplaire de la vie racontée. Il n'empêche que biographie et autobiographie semblent radicalement s'opposer : la première reconstitue-restitue une vie en amassant des documents, tandis que la seconde se fonde sur un travail de remémoration. De fait, comme le dit Lecarme dans *L'autobiographique* (Armand Colin), « chacun sait bien qu'une " biographie " ne peut être qu'une " hétérobiographie ", c'est-à-dire le récit de la vie d'un individu racontée par un autre que lui » ; ou, comme l'écrit Kendall (cité par Lecarme), « l'autobiographe, en somme, sait plus mais dit moins, à tout prendre, que le biographe ».

C'est parce que l'autre est une énigme que l'auteur cherche à se projeter ainsi en lui. Dominique Viart montre bien que certains biographes, cherchant à restituer un projet existentiel plutôt qu'une vie, réduisent celle-ci à une formule ; citons par exemple : *Dans la main de l'ange* (1982), de Dominique Fernandez, sur Pasolini ; *Le dernier des Égyptiens* (1988), de Gérard Macé, sur Champollion.

L'autobiographie à la troisième personne

Pour Lejeune, l'emploi de la troisième personne « interdit de confondre les problèmes grammaticaux de la personne avec les problèmes de l'identité ». En effet, dans ce type de récit, « l'auteur parle de lui-même *comme si* c'était un autre qui en parlait, ou comme s'il parlait d'un autre ». Que le narrateur dise « je » ou « il » ne change donc rien au « pacte autobiographique » (→ p. 16), car il y a identité de personne entre auteur, narrateur et personnage. Par le contrat de lecture qu'il propose, l'auteur garantit que c'est bien de lui qu'il parle et que ses propos sont exacts.

Certaines de ces autobiographies écrites « comme des biographies » font alterner le « je » et le « il » : c'est le cas de *Roland Barthes par Roland Barthes* (→ L'AUTOBIOGRAPHIE, p. 54) ou de *Frêle bruit* de Michel Leiris. Dans d'autres cas, l'ambiguïté est plus marquée. Dans l'*Autobiographie d'Alice Toklas*, écrite par Gertrude Stein, le lecteur comprend qu'il ne s'agit ni d'une autobiographie de la secrétaire et compagne de Gertrude Stein, ni d'une biographie de cette dernière. Mais si, pour Lecarme, il s'agit bien alors d'une autobiographie à la troisième personne de Gertrude Stein elle-même, Lejeune y voit un « jeu double : à la fois romanesque et autobiographique ».

Autobiographies imaginaires

Dans *Moi la Clairon,* l'actrice Edwige Feuillère se met à la place d'une actrice du XVIIIe siècle qui raconterait sa vie à la première personne. Pour Lejeune, ce « genre hybride » n'est « nullement une variété de l'autobiographie mais de la biographie et surtout du roman historique ». Ces autobiographies imaginaires sont aussi appelées « Mémoires apocryphes ».

Toutefois, il ne faut pas confondre ces « biographies de personnes réelles écrites sous la forme d'un texte autobiographique fictif, donné pour tel », avec les romans-mémoires du XVIIIe siècle. En effet, ces derniers présentent, sous forme de récit autobiographique, la vie d'un personnage fictif. C'est le cas de *La Vie de Marianne*, de Marivaux, dont nous parlerons plus loin à propos du roman à la première personne (➾ p. 84), car nous sommes ici dans le domaine de la fiction et non du « biographique ».

Le « vécu » et son « récit »

Un genre littéraire récent et une nouvelle méthode d'investigation en sciences humaines proposent des récits produits à deux : celui qui a « vécu » et celui qui écrit le récit de cette vie. On les appelle « récits de vie » (➾ p. 112). Le récit de vie occupe une place décisive dans les rapports étroits, ambigus et problématiques entre biographie et autobiographie. Il pose en effet de façon claire la question de l'« auteur » et celle du média.

Le récit de vie rend en effet plus évident le dédoublement entre celui qui « produit » oralement le récit de sa vie et celui qui lui donne une forme écrite. En effet, si l'autobiographe joue lui-même les deux rôles, ces rôles sont répartis dans le cas du récit de vie entre deux individus. Lorsque le sociologue retranscrit les récits qu'il a enregistrés, il peut faire preuve d'un véritable talent d'écrivain ; c'est le cas d'Oscar Lewis, dont *Les Enfants de Sanchez* peut se lire « comme un roman ». Mais attention : ces textes ne sont pas pour autant des fictions ! De fait, à partir du moment où une vie devient écriture, le texte produit est soumis au « contrat de lecture » (➾ p. 16-19) qui régit en particulier les textes littéraires, mais pas seulement.

2 Le biographique et le récit de fiction

Lorsqu'un texte littéraire présente le récit d'une vie, qu'il soit écrit à la première personne ou à la troisième personne, il est important de reconnaître s'il s'agit d'un texte « biographique » et référentiel ou d'un texte de « fiction » et d'imagination. Un certain nombre d'indices, dans le texte ou extérieurs à celui-ci, permettent d'établir les distinctions nécessaires.

LES GENRES EN LITTÉRATURE

La notion de genre est souvent contestée par la critique littéraire, mais il peut être commode de classer les textes, ne serait-ce que les uns par rapport aux autres.

Par exemple, les genres que nous étudions dans ce volume, les mémoires, le journal intime, l'autobiographie, la biographie, le récit de vie, relèvent tous d'un ensemble appelé « le biographique » : tous ces récits se présentent comme une ferme récusation du roman, c'est-à-dire de la fiction.

Encore conviendrait-il d'être prudent, comme le suggère Lejeune dans « Le Pacte autobiographique (bis) », et ne pas considérer systématiquement « roman » comme synonyme de « fiction », en l'opposant à la « non-fiction », c'est-à-dire la « référence réelle ». Le roman peut en effet être défini comme un genre caractérisé par une intention littéraire simple : s'opposer à « la platitude du document ». Il est donc indispensable de comprendre pourquoi *Une Vie* de Maupassant ou *La Vie de Marianne* de Marivaux sont des romans et non une biographie et une autobiographie.

Sauf dans des cas particuliers – comme certains journaux intimes – un auteur écrit pour être lu. Il institue dans son écriture même un « pacte » ou « contrat » avec ses lecteurs et va ainsi orienter leurs modes de lecture.

Le pacte autobiographique

Dans son *Esthétique de la réception*, Jauss interroge les œuvres du point de vue du destinataire, c'est-à-dire du lecteur. Ce sont en effet les conditions et modalités de publication d'un texte qui vont déterminer la façon de le lire. Bien entendu, le mode de lecture peut varier d'une époque ou d'une culture à l'autre : on ne lit pas de nos jours *Les Confessions* de Rousseau comme on les lisait lors de leur publication au XVIIIe siècle.

Souvent ce sont les préambules, préfaces ou d'autres éléments du paratexte[1], comme le nom de l'auteur, le titre, le sous-titre, l'indication du genre – roman, essai, biographie, etc. –, ou ce qui est écrit sur la quatrième page de couverture, qui conditionnent la lecture du texte, sa réception. Cependant, certains textes publiés ne comportent pas de contrat explicite, et c'est au lecteur de trouver « dans » le texte les marques de l'énonciation qui lui permettront de comprendre qui dit « je » (ou « il ») et la nature du rapport entre ce qui est raconté et un référent réel.

Après avoir donné les conditions de l'autobiographie - il doit y avoir « identité de l'auteur, du narrateur et du personnage », Lejeune définit ainsi le pacte autobiographique : « C'est l'affirmation dans le texte de cette identité, renvoyant en dernier ressort au nom de l'auteur sur la couverture. » Le genre autobiographique serait ainsi délimité par une « question contractuelle de droit » (l'identité est-elle réelle ?) et non par une « question littéraire de vérité ou de vraisemblance » (l'autobiographe est-il sincère ?).

1. *Paratexte* : tout ce qui est extérieur au texte lui-même et apparaît sur les premières ou dernières pages d'un volume publié.

Le pacte référentiel

La biographie, l'autobiographie, les mémoires, le journal intime, le récit de vie sont des textes *référentiels*, tout comme, d'ailleurs, les textes historiques ou scientifiques : ils apportent une information sur une « réalité » extérieure au texte et peuvent donc être soumis à une *vérification*. « Leur but – dit Lejeune – n'est pas la simple vraisemblance mais la ressemblance au vrai. Non " l'effet de réel ", mais " l'image du réel ". En cela, ils s'opposent à toutes les formes de fiction. » En ce qui concerne l'autobiographie, c'est « l'auteur, représenté à la lisière du texte par son nom, [qui] est le référent auquel renvoie, de par le pacte autobiographique, le sujet de l'énonciation ».

Pour Lejeune donc, le pacte référentiel « inscrit le texte dans le champ de l'expression de la vérité ». Pour l'autobiographie, tout comme pour les mémoires ou le journal intime, il ne s'agit pas de la vérité de l'existence réelle mais de « la vérité du texte, dite par le texte ». En effet, contrairement aux autres textes référentiels, il est difficile de « vérifier » la véracité de ce que l'autobiographe raconte – et qu'il est souvent seul à savoir ! En revanche, il est plus facile de procéder à une vérification des sources du biographe qui a pour modèle la vie d'un homme « telle qu'elle a été ».

Ce sont les rapports de ressemblance et d'identité qui permettent d'opposer la biographie et l'autobiographie : « L'identité est le point de départ réel de l'autobiographie ; la ressemblance, l'impossible horizon de la biographie ».

Le pacte fantasmatique

Dans son chapitre sur « L'espace biographique », Lejeune cite Gide et Mauriac qui disent que leurs romans seraient plus proches d'une « vérité » personnelle et intime que leurs autobiographies. Ils désignent ainsi « l'espace autobiographique dans lequel ils désirent qu'on lise l'ensemble de leur œuvre ». C'est pourquoi le lecteur est invité à lire les romans « comme des *fantasmes* révélateurs d'un individu ».

Lorsqu'il projetait d'écrire une suite à son autobiographie, *Les Mots*, sous la forme d'une fiction, Sartre a déclaré : « J'aurais créé un personnage dont il aurait fallu que le lecteur pût dire : “ Cet homme dont il est question, c'est Sartre. ” »

Beaucoup d'écrivains modernes font référence à ce « pacte fantasmatique » : Claude Simon, Gérard Macé ou Alain Robbe-Grillet, mais aussi ceux que l'on peut classer dans « l'autofiction » comme Patrick Modiano et, de nos jours, Camille Laurens ou Christine Angot. Le pacte fantasmatique est donc une forme indirecte du pacte autobiographique.

Le pacte fictionnel ou romanesque

Pour Lejeune, ce pacte s'oppose « symétriquement » au pacte autobiographique sur deux aspects : à la place de la notion d'identité on trouve une « pratique patente de non-identité » (l'auteur et le personnage ne portent pas le même nom) ; à la notion de vérité se substitue une « attestation de fictivité », fournie en général par la mention « roman » sur la couverture du livre. Il faut remarquer à ce sujet que « roman » implique un « pacte romanesque », alors que le terme « récit » est plus indéterminé et peut être compatible avec un « pacte autobiographique ».

Cette opposition entre les deux « pactes » permet aussi de considérer comme des « romans » des ouvrages, courants au XVIIIe siècle, qui « imitent » le récit autobiographique (mémoires, lettres, ou plus tard, journal intime). Par ailleurs, dans la littérature contemporaine, de nombreux auteurs jouent sur les limites entre roman et autobiographie : « C'est moi et ce n'est pas moi », déclare Annie Ernaux à propos de la narratrice de ses « romans »...

Lorsque le personnage n'a pas de nom et que l'auteur ne conclut aucun « pacte » avec le lecteur (ni autobiographique, ni fictionnel), on se trouve face à un texte « indéterminé ». C'est alors au lecteur de décider, comme le dit Marguerite Duras à propos de son ouvrage *L'Amant* (Éditions de Minuit, → LECTURE ANALYTIQUE 2, p. 136) :

> On m'a demandé de mettre « roman ». J'ai dit que je pouvais le mettre et puis je ne l'ai pas mis. J'ai préféré la sécheresse du blanc.

> Qu'on dise « roman » ou non, au fond, ça les regarde, les lecteurs, la lecture, c'est le roman.

Remarquons également que, dans *La Recherche du Temps perdu* de Marcel Proust, le narrateur n'a pas de nom et que son prénom – Marcel – est évoqué dans une « intrusion d'auteur »; pour Lejeune, celle-ci « fonctionne à la fois comme pacte romanesque et comme indice autobiographique, et installe le texte dans un espace ambigu ».

LE VRAI ET LE VRAISEMBLABLE

Précisons tout d'abord que l'auteur est à la fois une personne réelle et une personne qui écrit et qui publie. Le narrateur, celui qui prend en charge la narration, le récit, celui qui dit « je », n'est pas nécessairement l'auteur; sauf dans le cas de l'autobiographie. Et les personnages sont des êtres « de papier » ou « de discours »; ou, comme les appelle Valéry, des « vivants sans entrailles ».

Le roman à la première personne

Certains romans peuvent être écrits à la première personne. Ainsi, dans *La Vie de Marianne* (1731-1741) de Marivaux, le narrateur est également le personnage principal (« Je conte mon histoire », dit Marianne). Il s'agit là d'un « roman-mémoires » typique du XVIIIe siècle. Le narrateur est aussi fictif que le personnage avec lequel il se confond. L'abbé Prévost, auteur de *Manon Lescaut* (1731), écrit à ce sujet:

> Les auteurs des meilleurs romans n'ont pas imaginé de plus puissantes méthodes pour plaire et pour attacher que de mettre leur narration *dans la bouche même du héros.*

Beaucoup de romans se présentent également sous la forme d'un journal intime, comme *La Nausée* (1938) de Sartre, ou *Le Journal d'un curé de campagne* (1936) de Bernanos. Les romans par lettres, comme *Les Liaisons dangereuses* (1782) de Choderlos de Laclos, s'inspirent des mêmes techniques, et sont présentés comme entourés d'un pseudo-mystère: le manuscrit aurait été retrouvé par un éditeur (le procédé sera repris par Sartre dans *La Nausée*).

Enfin, certains romans à la première personne ressemblent plutôt à de longs monologues. C'est le cas de *La Chute* (1956) de Camus, ou de *Voyage au bout de la nuit* (1932, Gallimard) de Céline. Ce dernier est écrit, de plus, dans une langue qui s'inspire du discours oral; voici comment le personnage-narrateur prend la parole, au début du roman: « Ça a débuté comme ça. Moi, j'avais jamais rien dit. Rien. »

Mais le « je » du narrateur peut apparaître aussi de façon plus ponctuelle, dans les romans, sous la forme d'« *intrusions d'auteur* ». Celles-ci sont souvent pratiquées par Stendhal. Ainsi, dans *Le Rouge et le Noir*, l'auteur commente (indiqué par des italiques dans la citation) l'action de son personnage, Julien Sorel:

> Ivre d'amour et de volupté, il prit sur lui de ne pas lui parler. C'est, *selon moi*, l'un des plus beaux traits de son caractère.

Jean Rousset remarque à ce sujet, dans *Narcisse romancier* (José Corti), que « ce "moi" qui déchire un instant le tissu narratif impersonnel [...] n'appartient pas à un narrateur intégré prenant en charge le récit; [...] il appartient sans équivoque à l'"auteur" qui raconte cette histoire [...] ».

Toutefois, on retrouve dans les romans dits « à la troisième personne » ce narrateur qui prend en charge le récit. Dans *Le Père Goriot* de Balzac ou *La Chatte* de Colette, un narrateur extérieur à l'histoire nous raconte les actions et les pensées des personnages. Parfois il sait tout du personnage (il est « omniscient »), d'autres fois il adopte le point de vue d'un des personnages, ou encore décrit les actions des personnages comme un observateur externe.

Les romans à la troisième personne peuvent aussi imiter la biographie : c'est le cas d'*Une Vie* (1883) de Maupassant. Le lecteur peut donc comprendre que le personnage d'une histoire a réellement existé grâce au « pacte référentiel »; et il comprend qu'il s'agit d'un personnage fictif créé par l'auteur, grâce au « pacte fictionnel » ou « romanesque ».

L'effet de réel

Dans *La Nausée*, de Jean-Paul Sartre (Gallimard), le personnage d'Antoine Roquentin écrit dans son journal :

> Je n'ai pas d'aventures. Il m'est arrivé des histoires, des événements, des incidents, tout ce qu'on voudra. Mais pas des aventures. [...] Les aventures sont dans les livres. Et naturellement tout ce qu'on raconte dans les livres peut arriver pour de vrai, mais pas de la même manière. [...] Pour que l'événement le plus banal devienne une aventure, il faut et il suffit qu'on se mette à le raconter. [...] Mais il faut choisir. Vivre ou raconter [...].

« Les livres » dont parle Roquentin sont tout d'abord les romans, mais la distinction qu'il établit entre la littérature et la vie peut tout aussi bien s'appliquer aux textes du « biographique ». En effet, par le seul fait qu'une vie est racontée, elle devient œuvre de langage et s'écarte donc radicalement de ce qui fait l'essence même de la réalité. Il est donc important d'envisager cette distinction à un autre niveau, et de voir comment le réel et la vérité sont traités dans les œuvres de fiction et dans celles qui appartiendraient à la catégorie opposée de « non-fictionnalité ».

Pour Michel Raymond, l'exigence de vérité du roman remonte au XVIIe siècle. Au XIXe siècle, les exemples de Stendhal, Balzac, Flaubert et Zola sont particulièrement éclairants.

Stendhal (1783-1842) prétend en effet que le roman est comme « un miroir que l'on promène le long d'un chemin », car il veut fonder la fiction sur l'étude du vrai : « Il faut que l'imagination apprenne les droits de fer de la réalité. » Stendhal interrompt d'ailleurs l'écriture de son roman, *Lucien Leuwen*, pour écrire son autobiographie, *La Vie d'Henry Brulard*, y trouvant un encouragement à « être vrai ».

Balzac (1799-1850) se flatte « d'être plus historien que romancier » et prétend « faire concurrence à l'état civil ». Dans une « adresse au lecteur », au début du *Père Goriot*, il précise :

> Ah, sachez-le, ce drame n'est ni une fiction, ni un roman. *All is true*, il est si véritable que chacun peut en reconnaître les éléments chez soi, peut-être dans son cœur.

Ne nous y trompons pas: *Le Père Goriot* est bien un roman et c'est une vérité appartenant au monde et aux sentiments que le lecteur découvrira dans l'univers romanesque.

Flaubert (1821-1880) fonde sa méthode « scientifique » sur l'observation et la documentation: la description de l'agonie d'Emma Bovary, empoisonnée à l'arsenic, est à ce sujet exemplaire. Mais Flaubert a aussi déclaré: « Ce que la réalité m'a fourni, au bout de très peu de temps, ne se distingue plus pour moi des embellissements ou modifications que je lui ai donnés. » L'imaginaire de l'écrivain est donc plus « vrai » que son modèle.

Zola (1840-1902), quant à lui, recommandait « la méthode d'observation basée sur l'expérience même ». Pour lui aussi la littérature d'imagination était un instrument d'enquête et de vérité. Il présentera donc son roman *L'Assommoir* comme « le premier roman sur le peuple qui ne mente pas et qui ait l'odeur du peuple ».

Roland Barthes, en étudiant la fonction de la description, en particulier chez Flaubert[1], montre que si les « détails » semblent « inutiles » (par rapport à la structure narrative), ils produisent en fait un « effet de réel ». Et de ce réalisme moderne naît un nouveau vraisemblable. Ce qui est vraisemblable, les deux composantes du mot l'indiquent, a donc l'apparence du vrai. Mais ce n'est pas la vérité.

La confusion entre le vrai et le vraisemblable

Cette confusion est tenace, et la notion de vérité n'est pas plus justifiée pour le roman que pour l'autobiographie. C'est Rousseau qui a sans doute contribué à faire croire que la vérité était une catégorie littéraire.

En disant vouloir « montrer la nature telle qu'elle est », Flaubert semble faire écho à la déclaration de Rousseau, au début des *Confessions*: « Je veux montrer un homme dans toute la vérité de la

1. Dans le chapitre « L'effet de réel » du volume collectif *Littérature et réalité* (Seuil).

nature. » Or, cette vérité-là, il faudrait la nommer sincérité. Le pacte autobiographique, nous l'avons vu plus haut, est un pacte de référence fondé sur le réel. Le roman n'est donc pas plus « vrai » que le récit personnel, ou même que la biographie; ce qui compte, ce sont les rapports avec le référent réel qu'entretient et qu'élabore l'écrivain. Pour Aragon, le roman est un « mentir-vrai »; par l'artifice il engendre la vérité, alors que la recherche de la vérité reconduit l'artifice.

Et pourtant, Philip K. Dick (1928-1982), le célèbre écrivain américain de science-fiction, auteur d'*Ubik* et de *Blade Runner,* déclarait n'avoir jamais écrit d'œuvres d'imagination, mais de simples « rapports »! Si le roman crée un monde imaginaire, cet imaginaire, comme le dit Blanchot, « est le monde même, [...] le monde comme ensemble, comme tout ».

L'autobiographie n'échappe pas à cette règle de l'œuvre littéraire: la vie vécue devient, elle aussi, lorsqu'elle est racontée, une vie recomposée, un amas de mots, un objet littéraire. Lejeune le reconnaît lui-même: « La marge entre fiction et autobiographie [semble] plus mince que jamais. » Et Alain Buisine, dans son introduction aux Actes du Colloque de Cerisy sur « Le Biographique » [1], annonce qu'il « n'existe plus aucune opposition tranchée entre l'imagination littéraire et le document authentique, entre la fiction à l'œuvre et la “ vérité ” d'une vie [...] ». Dominique Viart dit aussi: « La réalité d'une vie, c'est la conscience que j'ai de cette vie. » [2]

On assiste donc maintenant à l'émergence de « biofictions », des biographies écrites comme des fictions. Nous avons cité plus haut, à ce sujet, la collection « L'un et l'autre » (➜ p. 12). Et nous savons aussi, grâce aux découvertes de la psychanalyse (➜ p. 11) et après Proust, que la mémoire est fiction.

1. « Revue des Sciences Humaines », 1991.
2 Revue des sciences humaines, N° 263, 2001.

Nous pouvons conclure sur une remarque plus historique : au XIXe siècle, un même souci de « vérité » animait les romanciers – dits « réalistes » – et les autobiographes. Depuis les années 70-80, la perspective s'est inversée : c'est « l'imagination biographique » qui est enfin sinon reconnue du moins réhabilitée.

Cela aurait peut-être consolé Cioran qui disait :

> Il est incroyable que la perspective d'avoir un biographe n'ait fait renoncer personne à avoir une vie.

DEUXIÈME PARTIE

Les Mémoires

1 Les mémoires dans la littérature personnelle

Les mémoires ont précédé l'autobiographie dont ils sont très proches. Ils s'inscrivent dans le champ de la littérature personnelle où l'auteur, qui est aussi le narrateur et le personnage principal, présente un récit rétrospectif de sa vie.

LES MÉMOIRES : UN GENRE HISTORIQUE ?

En prétendant apporter des matériaux à l'Histoire, le mémorialiste se veut proche de l'historien. Mais en s'identifiant à son époque et en se donnant un rôle de premier plan, il ne garantit plus l'objectivité propre au récit historique.

Histoire du mot

Le terme de « mémoires », au masculin et au pluriel, a d'abord désigné des écrits, documents, notes, servant à aider *la* mémoire ou à la conserver. Les mémoires désignent également « des récits où sont racontés les événements de la vie d'un particulier ».

Plus tard, « mémoires » prendra le sens de « souvenirs d'une vie ». *La* mémoire est ainsi devenue la composante essentielle *des* mémoires. C'est sans doute en se référant à cette acception du terme que Simone de Beauvoir a intitulé le premier tome de son autobiographie : *Mémoires d'une jeune fille rangée*.

On trouve aussi le mot « mémoires » suivi d'un indéfini et d'un substantif (mémoires d'un résistant, d'une prostituée, etc.), mais le titre indique alors une réduction de l'identité du personnage des mémoires à un aspect particulier de son existence.

Histoire du genre

Constituant un sous-genre du « biographique », les mémoires font de fait partie, comme l'autobiographie ou le journal intime, du champ de la littérature personnelle. Celle-ci se caractérise par une identité de personne entre auteur, narrateur et personnage. Très souvent, on définit donc les mémoires par rapport à l'autobiographie, dont ils ne se distinguent pas toujours clairement. C'est sans doute l'œuvre d'André Malraux qui souligne le mieux la difficulté d'établir des frontières entre ces deux genres : en intitulant le premier tome de ses mémoires *Antimémoires*, il veut signifier qu'il s'agit d'une « anti-autobiographie », d'une « anti-confession ».

Ce qui caractérise également les mémoires, c'est qu'ils représentent aux XVIe et XVIIe siècles une tradition d'écriture sur soi entièrement profane, qui s'oppose aux confessions religieuses : les mémorialistes font partie de la noblesse et veulent rendre compte des événements de leur siècle. Il s'agit là surtout de mémoires militaires et politiques.

Mémoires et histoire

Pour Chateaubriand, les Français ne sont pas naturellement historiens, mais mémorialistes, car ils parlent mieux de l'homme et de la société que des systèmes généraux. Ce passage du *Génie du Christianisme* constitue une définition des mémoires :

> [Le Français] réfléchit peu sur l'ensemble des objets ; mais il observe curieusement les détails, et son coup d'œil est sûr, prompt et délié : il faut toujours qu'il soit en scène et il ne peut consentir, même comme historien, à disparaître tout à fait. Les mémoires lui laissent la liberté de se livrer à son génie.

Les mémoires sont donc considérés comme des auxiliaires un peu subalternes de l'Histoire dont ils respectent l'esprit, et non comme un genre voué à la connaissance de soi. On trouve de semblables exemples au Siècle classique, chez le cardinal de Retz ou Saint-Simon. Ce dernier ne s'attarde pas sur ce qu'il a fait mais sur ce qu'il a vu à la cour du roi. Les mémoires se situent donc à l'intersection de l'Histoire collective officielle des hauts faits et de l'histoire de vie individuelle.

MÉMOIRES ET AUTOBIOGRAPHIE

Malgré les nombreuses contiguïtés entre mémoires et autobiographie, plusieurs traits les distinguent nettement.

Objectivité et subjectivité

En 1866, dans le *Grand Dictionnaire universel du XIXe siècle*, l'article consacré à définir l'autobiographie prend soin de préciser :

> L'autobiographie entre assurément pour beaucoup dans la composition des mémoires ; mais souvent, dans ces sortes d'ouvrages, la part faite aux événements contemporains, à l'histoire même, étant beaucoup plus considérable que la place accordée à la personnalité de l'auteur, le titre de mémoires leur convient mieux que celui d'autobiographie.

Le mémorialiste s'intéresse donc davantage au monde, à l'histoire, aux autres (surtout si ce sont des personnages importants), alors que l'autobiographie concerne essentiellement le moi, les sentiments et les souvenirs du narrateur. Philippe de Commynes publie par exemple en 1524 ses *Mémoires* consacrés au règne de Louis XI dont il fut le conseiller.

Alors que la subjectivité semble en effet difficilement dissociable de l'autobiographie, les mémoires veulent présenter les faits avec objectivité. Dès le début de ses *Antimémoires,* Malraux dit éprouver peu d'intérêt pour lui-même (« je ne m'intéresse guère »). Pourtant, lorsqu'il raconte sa première rencontre avec le Général de Gaulle, en 1943, c'est son propre discours, et non celui du général, qui occupe le plus de pages ! La distinction entre mémoires et autobiographie semble donc plus difficile à établir que ne le suppose la définition donnée ci-dessus.

Une distinction plus probante oppose le dedans et le dehors, le moi intérieur et le moi social, le privé et le public. Plus qu'à leur histoire, c'est à leur carrière que s'intéressent les mémorialistes qui, le plus souvent, sont des personnages importants occupant des fonctions proches du pouvoir (ministres, conseillers, hommes politiques). Lorsqu'ils sont moins importants, les mémorialistes intitulent d'ailleurs souvent leurs écrits « Souvenirs ».

Vie privée et vie publique

Le « moi » peut ainsi prendre un caractère exemplaire et héroïque dans les mémoires, comme le montre l'exemplarité sociale que revendiquent certains autobiographes qui se veulent représentatifs d'une époque, d'une génération, d'un groupe social. George Sand, par exemple, dans *Histoire de ma vie*, prend toujours soin de montrer combien le récit de son expérience déborde sa situation particulière pour embrasser l'histoire de toute une génération.

La représentation héroïque de soi constitue un autre trait distinctif des mémoires historiques. À ce sujet, Tocqueville observe dans ses *Souvenirs* :

> J'ai observé que la plupart de ceux qui ont laissé des Mémoires ne nous ont bien montré leurs mauvaises actions ou leurs penchants que quand, par hasard, ils les ont pris pour des promesses ou de bons instincts, ce qui est arrivé quelques fois.

Il est souvent difficile de faire la part de l'autobiographie chez un mémorialiste (c'est le cas de Saint-Simon, par exemple), ou des mémoires dans une autobiographie. Ainsi, dans le livre VII des *Confessions*, Rousseau rapporte ses activités de secrétaire d'ambassade à Venise dans le style du mémorialiste.

C'est Rousseau qui va déplacer le sujet des événements, propres aux mémoires, à leurs effets sur une subjectivité qu'il désigne comme « une âme ». Dans le « Préambule » dit de Neuchâtel, il annonce ainsi la naissance de l'autobiographie (mais cette dénomination n'existe pas encore), et la définit par rapport au champ des mémoires :

> Et qu'on n'objecte pas que n'étant qu'un homme du peuple, je n'ai rien à dire qui mérite l'attention des lecteurs. Cela peut être vrai des événements de ma vie : mais j'écris moins l'histoire de ces événements en eux-mêmes que celle de l'état de mon âme, à mesure

> qu'ils sont arrivés. [...] Dans quelque obscurité que j'aie pu vivre, si j'ai pensé plus et mieux que les Rois, l'histoire de mon âme est plus intéressante que celle des leurs.

Il est certes souvent difficile de faire la part entre vie privée et vie publique, car les deux structurent la vie des individus. Toutefois, il est possible de différencier mémoires et autobiographie si l'on considère le projet d'écriture qui anime le narrateur. Philippe Lejeune donne dans *Le pacte autobiographique* (Seuil, "Points") une clé pour reconnaître ce « projet »:

> Il ne s'agit pas seulement d'une question de proportions entre les matières intimes et les matières historiques. [...] Il ne faut pas juger seulement des quantités mais voir laquelle des deux parties est subordonnée à l'autre, si l'auteur a voulu écrire l'histoire de sa personne ou celle de son époque.

Bien sûr, dans certaines œuvres comme les *Mémoires d'outre-tombe* de Chateaubriand, il est plus difficile de saisir ce projet, car l'auteur se considère lui-même comme l'emblème de son époque: « Je me suis rencontré entre deux siècles, comme au confluent de deux fleuves. »

L'HISTOIRE À LA PREMIÈRE PERSONNE

Dans les mémoires, le narrateur est donc un homme qui a été témoin ou acteur d'événements publics, et qui retrace sa vie privée dans la mesure où elle est inextricablement liée à ces événements. Il justifie alors son entreprise par la volonté d'apporter des matériaux à l'Histoire. Le mémorialiste légitime son discours par le fait d'avoir vu des choses que lui seul peut connaître. Chateaubriand le caricature ainsi:

> Il aime à dire: J'étais là, le Roi me dit... J'appris du Prince... Je conseillai, je prévis le bien, le mal. Son amour-propre se satisfait ainsi; il étale son esprit devant le lecteur.

Mais bien des années plus tard, Chateaubriand lui-même, dans ses *Mémoires d'outre-tombe*, écrira par exemple : « Je participe à la Restauration et je la vois finir. » Et nous lisons dans les *Antimémoires* de Malraux (Gallimard), qui fut témoin et acteur des événements qui ont transformé le monde au cours du XXe siècle :

> J'ai vu les villes allemandes couvertes de drapeaux blancs (les draps pendus aux fenêtres) ou entièrement pilonnées. Le Caire, passé de 200 000 habitants à 4 millions [...], et Nuremberg à tel point détruite qu'on n'en retrouvait pas la grande place.

On remarque donc aussi une identification entre le narrateur et son époque, au point que, pour lui, les événements les plus importants de sa vie sont les bouleversements historiques du monde. Par exemple, dans la « Récapitulation » de sa vie, à la fin des *Mémoires d'outre-tombe,* Chateaubriand rappelle les événements historiques auxquels il a assisté ou participé :

> Pauvre et riche, puissant et faible, heureux et misérable, homme d'action, homme de pensée, j'ai mis ma main dans le siècle, mon intelligence au désert.

Plus d'un siècle plus tard, Malraux déclarera que s'il retranscrit ses entretiens avec des chefs d'État plutôt que d'autres, c'est :

> [...] parce que nulle conversation avec un ami hindou, fût-il un des derniers sages de l'hindouisme, ne me rend le temps sensible comme le fait Nehru lorsqu'il me dit : « Gandhi pensait que... »

Mais en montrant le monde et les grands de ce monde, c'est lui aussi que le mémorialiste met en lumière. Le but du narrateur, dans les mémoires, n'est pas de se connaître, comme dans l'autobiographie, mais de se montrer; non pas dans sa totalité, comme un autobiographe, mais dans un aspect de sa personne, qui correspond souvent à son rôle social. Saint-Simon se voit comme duc et homme de cour. Le général de Gaulle ne parle de lui qu'en fonction de ses responsabilités militaires et politiques.

En fait, le narrateur-mémorialiste se donne toujours la première place, quoi qu'il en dise. N'oublions pas qu'étant aussi écrivain, il cherche, en publiant ses écrits, une reconnaissance non seulement de son rôle mais aussi de son talent.

2 Les mémoires : techniques narratives et auteurs majeurs

Les stratégies narratives utilisées par les mémorialistes pour représenter le monde ou les hommes, ainsi que les qualités du style, en font un genre à part entière.

LA NARRATION DANS LES MÉMOIRES

À la fois très proches du récit historique et de l'autobiographie, les mémoires font constamment référence à une époque précise et à ses protagonistes. Mais la première place accordée au narrateur-témoin a aussi inspiré des récits de fiction fondés sur les mêmes techniques narratives.

Les indices référentiels

Ils sont évidemment très nombreux dans les mémoires, puisqu'il s'agit pour le narrateur de rendre compte des événements du monde auxquels il a participé ou dont il a été le témoin. Les noms propres de personnages et de lieux, parfois les dates, démontrent la vérité des faits exposés. Citons par exemple quelques lignes du chapitre XIX des *Mémoires d'outre-tombe*, intitulé « Le Dix-huit Brumaire », où Chateaubriand résume ainsi le « changement absolu » qui s'est opéré dans le monde à la fin du XVIIIe siècle :

> Washington, au bout de ses prodiges, cède la place à Bonaparte, qui recommence les siens. Le 9 novembre le président des États-Unis ferme l'année 1799, le Premier Consul de la République française ouvre l'année 1800.

Et lorsque le cardinal de Retz décrit l'insurrection populaire de 1648, on retrouve le principal objectif des mémoires, qui est de faire le récit ou la chronique d'événements historiques :

> Une foule de peuple, qui m'avait suivi depuis le Palais Royal, me porta plutôt qu'elle ne me poussa jusqu'à la Croix-du-Tiroir, et j'y trouvai le Maréchal de la Meilleraie aux mains avec une grosse troupe de bourgeois, qui avaient pris les armes dans la rue de l'Arbre-Sec.

Les portraits

Les mémoires sont aussi riches en portraits ; les grands de ce monde y sont décrits dans leurs actions et leurs comportements, mais aussi avec leurs traits physiques minutieusement détaillés.

Dans la première partie de ses *Antimémoires* (Gallimard), Malraux fait le portrait du Général de Gaulle qu'il n'avait vu jusqu'ici qu'en photo. Ce n'est qu'en 1943 qu'il voit pour la première fois le visage de l'homme sous les ordres de qui il combattait, dans la Résistance :

> Je ne le découvrais pas, je découvrais ce par quoi il ne ressemblait pas à ses photos. La vraie bouche était un peu plus petite, la moustache un peu plus noire. Et le cinéma [...] n'a transmis qu'une seule fois son regard dense et lourd [...].

La comparaison avec le cinéma est d'autant plus intéressante que la plupart des lecteurs n'ont jamais connu le Général de Gaulle mais ont vu, en revanche, de nombreuses photos ou bandes d'actualités. Malraux justifie ici pleinement son rôle de témoin oculaire, et l'on est bien obligé de le croire.

Les *Mémoires d'outre-tombe* de Chateaubriand, de leur côté, contiennent des portraits au vitriol de Talleyrand et de Fouché qu'il décrit comme « le vice s'appuyant sur le bras du crime ».

Vérités et mensonges : romans-mémoires et mémoires romanesques

Dans son désir de ne « présenter au monde que ce qui est beau », Chateaubriand considère que la vérité de l'art est supérieure à la vérité des faits. Son parti pris est surtout esthétique ; c'est pourquoi il accorde au créateur « l'art de *choisir* et de *cacher* ». Ce choix esthétique est commun à bien des mémorialistes, qu'on lit encore non pour les informations que des historiens nous ont fournies en abondance, mais pour la valeur littéraire de leurs ouvrages. En fin de compte, c'est à leur propre mémoire que les auteurs de mémoires élèvent un monument.

Les mémoires historiques du XVIIe siècle ont servi de modèles pour décrire une existence individuelle dans un contexte social. Mais, comme le lecteur s'intéressait mois à la valeur historique, le narrateur avait tendance à satisfaire son attente en écrivant des « mémoires romanesques »: il utilisait les procédés du roman pour raconter son existence.

C'est alors qu'au XVIIIe siècle apparaissent des œuvres de fiction, des romans, appelés « romans-mémoires ». Écrits à la première personne, ces romans racontent la vie d'un personnage en insistant sur l'analyse de ses sentiments. L'exemple le plus connu de ce genre romanesque est *La vie de Marianne* (1731-1741) de Marivaux. Dans ce roman, la narratrice, une dame du monde qui a eu une vie mouvementée, raconte ses aventures.

Par ailleurs, les Mémoires apocryphes (→ PRÉLIMINAIRES, p. 13) constituent plutôt une catégorie du roman historique ou de la biographie: un auteur se met à la place d'un personnage historique ayant réellement existé et lui donne la parole. L'exemple le plus intéressant de ce genre de textes est sans doute fourni par *L'Allée du Roi* (1981) de Françoise Chandernagor.

QUELQUES GRANDS AUTEURS DE MÉMOIRES

Les *Mémoires* du Cardinal de Retz (1613-1679) offrent un tableau vivant de la période de la Fronde dans laquelle il joua un rôle actif, moins important toutefois qu'il ne le laisse entendre, en se donnant parfois un rôle un peu trop beau. Le style est brillant et les morceaux d'éloquence alternent avec des galeries de portraits (Richelieu, Mazarin) et des tableaux de foules (Paris insurgé).

Saint-Simon (1675-1755) commence à rédiger ses *Mémoires* en 1694 et achèvera la 2756e page en 1749! Ses positions sont considérées souvent comme peu conformes à la vérité historique. Mais ses qualités d'écrivain sont incontestables. Il excelle dans l'art du portrait. Voici celui – lapidaire et sans pitié - du prince de Conti : « Fils dénaturé, cruel père, mari terrible, maître détestable, pernicieux voisin. »

Les Mémoires d'outre-tombe de François René de Chateaubriand (1768-1848) sont, comme l'indique leur titre, publiées après la mort de l'écrivain. Dans une *Préface testamentaire,* Chateaubriand déclare *:*

> Si j'étais destiné à vivre, je représenterais dans ma personne, représentée dans mes mémoires, les principes, les idées, les événements, les catastrophes, l'épopée de mon temps, d'autant plus que j'ai vu finir et commencer un monde, et que les caractères opposés de cette fin et de ce commencement se trouvent mêlés dans mes opinions.

André Malraux (1901-1976) appelle son livre *Antimémoires* (Gallimard) parce qu'il répond « à une question que les mémoires ne posent pas et ne répond pas à celles qu'ils posent ». S'il admire « les confessions que nous appelons Mémoires », il trouve que l'individu (le narrateur) y tient trop de place. Pour sa part, il préfère « la lucidité » à « la sincérité ». C'est pourquoi il invente une forme nouvelle où il est difficile de démêler l'imaginaire et l'historique et où l'ordre chronologique est bouleversé (« la mémoire ne ressuscite pas une vie dans son déroulement »).

Ce n'est pas son moi intime, « ce misérable tas de secrets », que Malraux dévoile dans cet ouvrage (« que m'importe ce qui n'importe qu'à moi ? »). C'est sa statue qu'il dresse, comme Chateaubriand, en évoquant les hauts lieux de la culture et de la spiritualité ou ses rencontres avec les grands de ce monde. Les quelques lignes qui suivent, extraites du début des *Antimémoires* donnent la mesure de son projet :

> Ce qui m'intéresse dans un homme quelconque, c'est la condition humaine ; dans un grand homme, ce sont les moyens et la nature de sa grandeur ; dans un saint, le caractère de sa sainteté. Et quelques traits, qui expriment moins un caractère individuel, qu'une relation particulière avec le monde.

TROISIÈME PARTIE

Le journal intime

1 Histoire et narration dans le journal intime

Les journaux intimes occupent une place à part dans le champ de la littérature personnelle dans la mesure où il sont souvent publiés après la mort de leur auteur. Écrits au jour le jour, ces textes ont toutefois obtenu un succès public qui persiste et incite leurs auteurs à écrire en vue d'une publication.

HISTOIRE ET DÉFINITIONS DU JOURNAL INTIME

Naissance du journal intime

Ce n'est qu'à la fin du XVIIIe siècle que l'habitude de tenir un journal se répand dans les mœurs. Deux auteurs « maudits » durant cette période pré-révolutionnaire font figure de pionniers : le marquis de Sade, emprisonné à la Bastille, et Restif de La Bretonne, qui commença par écrire sur les murs et les parapets avant d'en venir au papier.

Certains critiques considèrent que l'un des plus anciens journaux connus est dû à l'Anglais Samuel Pepys, qui écrivit le sien entre 1660 et 1669. C'est cependant au XIXe siècle que l'on assiste à l'épanouissement de ce nouveau genre littéraire : à partir de 1880, les journaux de Stendhal, Benjamin Constant, Amiel, Maine de Biran sont publiés de façon fragmentaire, et souvent à titre posthume. Ces écrits vont rencontrer un vaste public que passionne un regard au jour le jour et qui porte sur la vie intime ou le monde extérieur.

Le « journal » et l'« intime »

Dans « journal », on retrouve le mot « jour », alors que dans « autobiographie » et « biographie », la racine *bio* signifie « vie ». On écrit donc son journal pour rendre compte non pas de sa vie mais d'un jour (ou d'une semaine, ou d'un mois) de sa vie. On a ainsi parlé d'« écriture du jour » pour évoquer le journal intime qui est idéalement le fruit d'un acte d'écriture quotidien.

La notion d'intimité est assez difficile à cerner : elle peut varier considérablement d'un écrivain à l'autre, et on ne peut en donner une définition claire. Le mot même d'« intime » vient du latin *intimus*, superlatif correspondant au comparatif *interior* : est intime ce qui est au plus profond de soi, le plus intérieur. Pour l'un, l'intime sera ainsi d'ordre spirituel, pour un autre, d'ordre sentimental ou encore sexuel. Mais les lectures, la politique, la finance peuvent également rentrer dans le champ de l'intimité, qui regroupe en somme tout ce qui préoccupe, intéresse, fait vivre, rêver et penser une personne.

Autre possibilité : le journal est appelé « intime », car il doit échapper aux regards indiscrets. Toutefois, certains auteurs, comme André Gide, n'ont-ils pas organisé eux-mêmes la publication de leur journal ? Il nous faut donc admettre, avec Béatrice Didier, que certains cloisonnements, entre homme privé et homme public par exemple, ne sont pas possibles et qu'il est difficile de délimiter un « dedans » et un « dehors », moi et les autres.

Finalement, le mot « intime » semble avoir été conservé pour écarter toute équivoque avec le journalisme et le journal – ou quotidien – que l'on achète dans les kiosques. J. Lecarme propose de substituer à « journal intime » l'expression « journal personnel », sans doute parce que l'« l'intimité » est déjà assurée par un « je » qui représente exclusivement l'auteur.

Caractéristiques essentielles du journal intime

Comme les mémoires, le journal intime est un sous-genre de l'autobiographie. et appartient au champ de la littérature personnelle.

Il y a donc identité de personnes entre auteur, narrateur et protagoniste. Écrit au jour le jour, le journal recueille, selon une chronologie, les expériences récentes, les pensées, les sentiments de son auteur qui est libre de tout dire. Sa périodisation, suivant le calendrier, confère au texte un caractère fragmentaire et discontinu. Il appartient donc à la littérature de l'instantané. Les frères Goncourt en offrent un excellent exemple : dans leur *Journal,* ils ont cherché à capter « l'ondoyante humanité dans sa vérité momentanée ».

A priori non destiné à la publication, souvent détruit, le journal intime est parfois remanié par l'auteur lui-même en fonction d'une édition posthume. Cette visée originelle du journal intime va avoir des conséquences sur la lecture. En effet, le lecteur a parfois l'impression de s'être introduit par effraction, d'être un voyeur (ce qui peut aussi stimuler son intérêt !).

L'ÉCRITURE DU JOURNAL INTIME

N'obéissant à aucune règle, ni de régularité, ni d'ordre, ni de construction, le journal ne connaît pas de contraintes esthétiques et n'a par définition ni début ni fin. Cette apparente gratuité trouve son pendant dans la régularité du calendrier qui scande les séquences et donne une continuité à cette suite de fragments.

L'inscription de la date

C'est cette indication de la date qui permet de parler de « journal » et le distingue de tout autre texte autobiographique (et de tout texte en général, à part la lettre → p. 47). C'est la seule véritable contrainte d'un genre qui ne semble pas en avoir d'autres. L'inscription de la date (et souvent même de l'heure) devient aussi responsable de la fragmentation du journal, de sa discontinuité. Mais si cette indication a un intérêt historique, elle a également une valeur rituelle : c'est une stimulation à écrire. D'ailleurs, les réflexions sur le temps sont un des thèmes constants du journal.

Discours et récit

La part du récit est particulièrement importante lorsque le diariste rapporte des événements extérieurs, ses rencontres, des dialogues. On retrouve chez les romanciers qui tiennent leur journal (Stendhal, Green) une capacité à organiser des éléments de leur vie en scènes romanesques. Ils parlent d'eux comme de personnages de roman. Ils rapportent des conversations, au style indirect surtout.

Le journal peut également devenir un reportage lorsqu'il donne plus de place à autrui qu'à l'auteur. De même, dans le journal de voyage, les descriptions (de l'ordre du récit, comme la narration d'événements) deviennent prédominantes.

Lorsque le journal devient plus « intime », le style du récit change : l'événement est rapporté de façon plus lapidaire, dans un style quasi télégraphique. Les phrases nominales abondent. Citons, par exemple, Julien Green : « Avant-hier déjeuné avec Gide [...]. Promenade à Oxford par un temps radieux. »

Dans le discours introspectif, au contraire, le rythme devient plus lent, la phrase se fait enveloppante, comme si elle mimait une recherche de soi par le diariste. Le style du discours peut devenir alors monotone, et tendre à la répétition. C'est Amiel qui critique ainsi le *Journal* de Maine de Biran :

> Rien n'est mélancolique et lassant comme ce *Journal* de Maine de Biran. C'est la marche de l'écureuil en cage.

Tous les types d'écritures

Le journal peut devenir le réceptacle de tous les types d'écritures : depuis les feuilles de comptes jusqu'aux répertoires de citations, en passant par le récit et le dessin ! Les citations abondent, car les diaristes sont souvent des grands lecteurs ; de plus, elles servent souvent de point de départ à des réflexions, comme dans le *Journal* de Claudel. Elles peuvent être en latin ou venir des Saintes Écritures, comme chez Du Bos ou Rivière.

L'usage de l'initiale et le recours à un certain nombre de codes, comme l'écriture chiffrée, sont courants, et répondent peut-être à un besoin de secret. Le recours à des langues étrangères est également fréquent, comme chez Stendhal qui mêle anglais et italien : « Perhaps why io non son venuto che alle dieci. »

Le dialogue est souvent rapporté au style indirect (« il me dit que... »), ce qui laisse la première place au *je* du narrateur dont le point de vue est prépondérant. Monologue ou soliloque, le journal n'est toutefois pas fermé à la présence d'autrui, mais l'autre est toujours saisi dans le prisme d'un seul regard. En fait, comme dans l'autobiographie, le « moi » est en même temps sujet et objet. Et Julien Green avoue dans son *Journal* (Gallimard) :

> Étrange plaisir de se raconter soi-même à soi-même. [...] N'est-ce pas dans la mesure où je suis tout le monde, que cela m'intéresse de me regarder agir ?

Pour terminer, il nous faut signaler une pratique totalement nouvelle du journal intime qui s'exerce maintenant sur l'Internet : les auteurs-internautes échangent leurs écrits avec d'autres auteurs de journaux intimes, espérant ainsi recevoir des réponses et renforcer leur appartenance à un groupe. Certains sites s'adressent par exemple à des femmes ou à des homosexuels, auteurs de journaux intimes.

2 Le journal intime dans la littérature personnelle

La comparaison du journal intime avec les autres sous-genres du « biographique » permet de dégager les spécificités de chacun.

JOURNAL INTIME, MÉMOIRES ET AUTOBIOGRAPHIE

Le rôle de la mémoire et la temporalité

L'autobiographe (ou le mémorialiste) construit un récit rétrospectif de sa vie, tandis que la rétrospective du diariste ne porte que sur l'intervalle de temps, plus ou moins long, qui s'est écoulé depuis le précédent moment de rédaction. La temporalité n'est donc pas la même dans le journal, et le rôle de la mémoire diffère. Il est central dans l'autobiographie : la mémoire y joue un rôle organisateur qui donne son rythme et sa continuité au texte. Le journal, au contraire, appartient au mode du discontinu : les événements sont relatés les uns après les autres, et l'auteur ne cherche pas forcément à les présenter de façon cohérente.

Ainsi, alors que l'autobiographie et les mémoires sont souvent écrits longtemps après l'événement, la distance entre le moment de l'écriture – que l'on appelle temps de la narration – et l'événement narré – appelé temps de l'histoire – est très réduite pour le journal. Cependant, écrire suppose toujours un certain recul par rapport à l'action. Il est ainsi difficile d'établir à partir de quel laps de temps (entre l'événement et l'écrit) on quitte le registre du journal pour passer à celui de l'autobiographie.

Des projets différents mais complémentaires

Dans le journal, l'histoire de la personnalité se dégage comme le résultat du livre : par la lecture, nous rétablissons dans sa continuité une vie formée de moments juxtaposés, car la personnalité du diariste se présente de façon discontinue et non concertée. L'autobiographe, au contraire, ordonne son livre autour d'une intention : présenter l'histoire de sa personnalité. C'est sa connaissance de lui-même qui lui a permis d'écrire son autobiographie.

Les auteurs de journaux écrivent rarement leur autobiographie ; mais les exceptions à cette règle sont particulièrement éclairantes sur ce qui sépare les deux genres. Stendhal, par exemple, laisse une autobiographie inachevée : *La Vie d'Henry Brulard* s'arrête en 1800, au moment où il tombe amoureux et ne parvient plus à donner un sens univoque à sa vie, à la mettre en récit.

> J'aurai grand'peine à faire une narration raisonnable de mon amour pour Angela Pietragrua. Comment faire un récit un peu raisonnable de tant de folies ? [...] Ma foi, je ne puis continuer. [...] Il ne me reste qu'à tracer un sommaire pour ne pas interrompre tout à fait le récit.

Or, c'est en 1801 que Stendhal a commencé la rédaction d'un journal intime qui va tenir lieu de « Sommaire ». L'autobiographie – écrite entre 1832 et 1836 – relate l'histoire du personnage d'Henry Brulard jusqu'au moment où il entame son journal. Les deux genres apparaissent ici complémentaires, et Stendhal a très bien su mettre à profit leurs spécificités : *La Vie d'Henry Brulard*, son autobiographie, relate son histoire passée, rétrospective, une jeunesse dont le sens est pour lui clair ; le *Journal* relate l'histoire présente, dont les « folies » sont racontées au jour le jour, sans que l'auteur sache leur donner un sens.

Quant à Edmond et Jules de Goncourt, même s'ils donnent, comme sous-titre à leur *Journal. Mémoires de la vie littéraire,* ils indiquent bien la différence entre le journal et les mémoires :

> Dans cette autobiographie au jour le jour entrent en scène les gens que les hasards de la vie ont jetés sur les chemins de notre existence. Nous les avons portraiturés, ces hommes, ces femmes, dans leurs ressemblances du jour et de l'heure, les reprenant au cours de notre journal [...] désirant ne point imiter les faiseurs de mémoires qui présentent leurs figures historiques peintes en bloc et d'une seule pièce.

La question de la publication

Ce qui distingue particulièrement le journal de tout autre récit autobiographique, c'est qu'il n'est pas destiné, *a priori*, à la publication et qu'il n'a pas de destinataire. Ou alors ce destinataire peut être fictif, comme l'amie imaginaire Kitty à laquelle s'adresse Anne Frank. Pendant longtemps le journal était même voué au secret. C'est ainsi qu'il ignore les deux contraintes qui existent pour chaque écrivain : le public et l'éditeur. Bien sûr, nombre de journaux ont été publiés, parfois par leurs auteurs eux-mêmes, et certains écrivains, comme Gide ou Green, n'ont pas hésité à remanier profondément leur texte en vue d'une édition.

Texte vulnérable entre tous, car secret, le journal n'est pas toujours publié intégralement. Seuls des extraits des vingt-six volumes du *Journal* de Virginia Woolf verront le jour. Il arrive également que le journal soit partiellement ou totalement détruit par celui-là même qui l'a écrit, ou par des proches qui ne tiennent pas à ce que soient connus du public des détails pouvant nuire à la réputation de l'auteur ou... de son entourage !

Citons, pour terminer le cas récent de l'écrivain Paul Morand, qui tint son journal de 1968 à 1976 – date de sa mort – en interdisant qu'il fût publié avant l'an 2000. L'ouvrage qui vient d'être porté à la connaissance du public révèle en fait que cet académicien raffiné, ami de Proust, était un antisémite, un misogyne et un homophobe fort peu estimable humainement, même s'il cite le mémorialiste Saint-Simon de façon fort assidue et pertinente !

LE JOURNAL INTIME ET D'AUTRES GENRES PROCHES

Les Carnets et les Cahiers

Apparus au XVIe siècle, les Carnets et les Cahiers sont également écrits au jour le jour, mais constituent souvent des fichiers ou « réservoirs » en vue d'une œuvre. Ils font donc peu de place à « l'intime » et leurs auteurs sont souvent des écrivains qui ont aussi écrit des mémoires, un journal, une autobiographie ou des romans. Par exemple, *Les Cahiers d'André Walter*, roman écrit par André Gide (1869-1951), sont très proches des *Cahiers* d'André Gide et correspondent à une période que ne recouvre pas le *Journal* de Gide, publié sous ce titre.

Au XIXe siècle, ce type de textes, qui constituent souvent la genèse d'œuvres littéraires, suscite un grand intérêt. Les *Cahiers* de Montesquieu seront réédités ; le philosophe s'explique ainsi sur la fonction de son ouvrage: « Ce sont des idées que je n'ai pas approfondies et que je garde pour y penser dans l'occasion. »

Les *Carnets* du grand artiste italien Léonard de Vinci (1452-1519) sont d'abord publiés en fragments, en 1797, puis de façon plus complète à la fin du XIXe siècle. Ils exercèrent une grande influence sur les *Cahiers* du poète et essayiste Paul Valéry (1871-1945), qui trouve dans ces *Carnets* un « trésor de confidences intellectuelles » et ajoute, à propos de Vinci: « Il ignore la faiblesse des aveux et des vanteries qui emplissent tant d'écrits prétendus intimes. »

Au XXe siècle, Albert Camus a rempli de nombreux volumes de *Carnets*, qui constituent à la fois la genèse, le commentaire et le contrepoint de son œuvre romanesque.

Le roman intime

Au XIXe et au XXe siècle, on voit apparaître un nouveau genre littéraire: des romans qui prennent la forme de journaux (ou cahiers, ou carnets). C'est le cas d'*Obermann* (1804) de Senancour, des *Cahiers d'André Walter* (1890) de Gide ou du *Journal d'un curé de campagne* (1936) de Bernanos. Dans ce dernier cas, la technique du journal fictif permet à l'auteur de décrire l'itinéraire spirituel du personnage-narrateur qui ne fait que noter ses inquiétudes et les détails de sa vie.

Par ailleurs – mais il s'agit moins de roman « intime » que de roman philosophique –, *La Nausée* de Sartre est une œuvre de fiction qui utilise aussi l'écriture sous forme de journal comme procédé littéraire. Rappelons à ce sujet que ce roman est précédé d'un « avertissement des éditeurs », très en vogue au XVIIIe siècle, où l'on lit : « Ces cahiers ont été trouvés parmi les papiers d'Antoine Roquentin. Nous les publions sans rien y changer. »

La correspondance

Lorsqu'elles sont publiées en volume, les lettres semblent reprendre le mode d'écriture du journal : leur auteur consigne à des dates précises les événements de sa vie et ses pensées ou sentiments les plus intimes. Le texte se présente sous une forme fragmentée et discontinue.

Mais, à la différence du journal, les lettres sont toujours adressées à quelqu'un : le destinataire est en effet la raison d'être de la lettre, qui est une forme de communication. Le destinataire est même parfois nommé dans le titre du volume : les lettres que Jean-Paul Sartre écrivit toute sa vie durant à Simone de Beauvoir, ont été publiées par celle-ci, après la mort de Sartre, sous le titre *Lettres au Castor* (Castor était le surnom de Beauvoir).

En revanche, Kitty, la destinataire des lettres d'Anne Frank, est un personnage imaginaire auquel s'adresse la jeune adolescente. C'est pourquoi son ouvrage est véritablement un journal intime et non une correspondance. Rappelons à ce sujet que le *Journal* d'Anne Frank a été retrouvé par hasard et publié après la disparition de son auteur, en 1945, dans un camp d'extermination nazi.

3 L'auteur et ses motivations

Les journaux intimes sont le fait d'auteurs très divers, et présentent des thèmes et des procédés d'écritures variés.

QUI SONT LES AUTEURS DE JOURNAUX ?

Les auteurs de journaux intimes sont appelés diaristes (de *die*, jour, en latin) ou journaliers, le premier terme étant cependant le plus courant. On peut regrouper ces auteurs selon la place et la fonction qu'ils assignent à leur journal :

- **L'importance du journal dans la production littéraire de l'auteur** : pour certains d'entre eux, le journal représente toute leur œuvre ; c'est le cas d'Amiel, Joubert, Maine de Biran, Guérin. Alors que pour Constant, Stendhal, George Sand, Hugo, Mauriac, Gide, Green – pour ne citer qu'eux –, le journal ne représente qu'un des aspects d'une écriture vouée essentiellement à la fiction. Pour d'autres, comme Vigny, Delacroix, Michelet, le journal se situe en marge d'une œuvre poétique, picturale ou historique.

- **La place de l'événementiel** : certains auteurs laissent dans leurs journaux peu de place à l'événement (Amiel, Joubert, Biran, Guérin) ; Stendhal ou Benjamin Constant y racontent les aléas de leur existence avec un détachement ironique.

- ***Le journal littéraire*** : tel est le titre qu'a donné Léautaud à son journal, car il y parle fort peu de lui mais beaucoup de ses rencontres et de ses conversations avec des amis. De leur côté, les frères Goncourt ont sous-titré leur *Journal* « Mémoires de la vie littéraire »

(1851-1896); on y retrouve portraiturés - souvent férocement caricaturés - tous les écrivains de leur époque (Balzac, Flaubert, Zola, Hugo, Baudelaire, mais aussi des moins connus), époque que par ailleurs ils détestaient !

• **La rébellion** : le journal intime est le genre privilégié par les adolescents ou les femmes. Moralement ligotées et placées socialement en état d'infériorité, les jeunes filles du XIXe siècle exprimaient ainsi leur rébellion dans leur journal intime. P. Lejeune leur a consacré une étude : *Le moi des demoiselles* (1993).

POURQUOI TENIR SON JOURNAL ?

Laisser et garder une trace

Morte à 24 ans, Marie Bashkirtseff veut qu'il « reste » quelque chose d'elle :

> [...] si je meurs jeune, je veux laisser publier mon journal qui ne peut pas être autre chose qu'intéressant. Mais puisque je parle de publicité, cette idée qu'on me lira a peut-être gâté, c'est-à-dire anéanti, le seul mérite d'un tel livre ? Eh bien, non !

Les diaristes avouent souvent vouloir garder une trace de ce qu'ils ont vécu, de leurs sentiments ou idées au moment où ils écrivaient. Benjamin Constant écrit en 1804 : « Ce journal est une espèce d'histoire, et j'ai besoin de mon histoire comme celle d'un autre pour ne pas m'oublier sans cesse et m'ignorer. »

Se retrouver soi-même et trouver un refuge

Béatrice Didier constate que les termes « miroir », « reflet », « regard » reviennent souvent sous la plume des diaristes. Le journal est en effet un moyen pour celui qui écrit de se saisir comme un tout, de retrouver une image globale de lui-même. Charles du Bos écrit à ce sujet dans son *Journal* (neuf tomes rédigés entre 1921 et 1939) :

> Me mettre au clair, me délivrer et finalement me rendre à moi-même.

Le journal peut trahir aussi un refus de grandir, de vivre hors de l'univers familial et parfois de faire une œuvre littéraire. C'est pourquoi les diaristes donnent souvent l'impression qu'ils écrivent leur journal pour se dispenser d'écrire une œuvre plus importante. C'est le cas d'Amiel et de Charles du Bos qui, en opérant ce retour sur eux-mêmes, se servent du journal comme d'un refuge et d'un miroir.

S'exercer à écrire

Le journal représente souvent une sorte de banc d'essai, qui permet au romancier ou au poète d'entamer la gestation de son œuvre. C'est le cas du *Journal* de Claudel ou de celui de Sainte-Beuve. Ce type de journal est pour l'écrivain ce qu'est le carnet de croquis pour le peintre.

Le journal peut donc constituer un exercice d'écriture. L'écrivain tient son journal comme le pianiste fait ses gammes. Joubert le dit à sa façon, en 1805 : « On se ruine l'esprit à trop écrire – on le rouille à n'écrire pas. » Et Stendhal recommande : « Une page par jour, génie ou pas ! »

Se confier, se sauver

Le journal et l'autobiographie sont tributaires de leurs origines : les exercices spirituels développés par le christianisme. Le journal intime manifesterait ainsi un souci quotidien de l'âme. Charles du Bos lisant le *Journal de jeunesse* de Tolstoï, donne cette définition (un peu restrictive, il est vrai) du journal intime :

> Lecture qui m'a intensément intéressé [...], car on y touche ce qu'est en son essence le journal comme instrument de perfectionnement moral et ne visant à rien d'autre.

Le journal a également un rôle de confident. Il s'agit même d'un rôle qui lui est traditionnellement dévolu. Mais la liberté d'écriture n'est pas absolue, et ce même si la publication n'est pas envisagée. Certains écrivains comme Gide, Jouhandeau ou Green ont pu difficilement y parler de leur homosexualité.

Enfin, si pour Green « on écrit parce qu'on écrit, de même qu'on aime parce qu'on aime », Charles du Bos déclare de son côté : « Le journal à l'origine représenta pour moi le suprême recours pour échapper au désespoir total face à l'acte d'écrire. »

Citons pour terminer Maurice Blanchot, qui n'a jamais tenu, que l'on sache, de journal, mais a parlé du journal intime dans son recueil, *Le livre à venir* (Gallimard) :

> On écrit pour sauver l'écriture, pour sauver sa vie par l'écriture, pour sauver son petit moi [...] ou pour sauver son grand moi en lui donnant de l'air, et alors l'on écrit pour ne pas se perdre dans la pauvreté des jours ou, comme Virginia Woolf, comme Delacroix, pour ne pas se perdre dans cette épreuve qu'est l'art, qu'est l'exigence sans limites de l'art.

DE QUOI PARLE LE JOURNAL ?

Pouvant parler, en principe, de tout, le diariste rend compte d'expériences très différentes, voire opposées.

Journal d'un malade et journal de prison

Des personnes atteintes de maladies, ou placées sous l'influence de la drogue, peuvent rédiger leur journal. C'est le cas du Président Schreber, étudié par les psychanalystes Freud et Lacan, ou des expériences de drogue que relate Michaux. Plus près de nous, Hervé Guibert, atteint du SIDA, a tenu un journal d'une grande lucidité sur son lit d'hôpital. Il s'intitule *Cytomegalovirus*.

Le journal peut également naître lorsque l'écrivain est incarcéré (Genet – *Journal d'un voleur*), ou prisonnier (Sartre – *Les Carnets de la drôle de guerre*). Menacés par les lois antisémites durant l'occupation allemande et obligés de vivre cachés, de nombreux juifs ont aussi tenu leur journal : celui de la jeune Anne Frank est mondialement connu ; en 2001, vient de paraître le *Journal d'un coiffeur juif à Paris sous l'occupation* d'Albert Grunberg, publié par son fils.

Par ailleurs, le journal peut d'une certaine manière susciter l'enfermement : on s'isole pour écrire en secret.

Le journal de voyage

Genre fort en vogue à toutes les époques, il est à l'opposé du journal de prison. Mais l'authenticité de ce type de journaux pose problème : si le *Voyage au Congo* de Gide ressemble bien à un carnet de route, son *Voyage en URSS* a été remanié et s'éloigne du ton et du style du journal, tout comme le *Voyage en Amérique* de Chateaubriand, en partie fictif.

Plus problématique encore, le journal de voyage en Amérique de Simone de Beauvoir, qu'elle intitule *L'Amérique au jour le jour. 1947*, mais qu'elle déclare avoir écrit après coup, une fois rentrée à Paris.

Journal intime et création

Le journal intime peut être également directement lié à l'écriture d'une œuvre romanesque. Ce type de journal accompagne généralement la rédaction et la publication de l'œuvre littéraire en question. Il se situe alors dans les marges du journal intime, car le caractère « intime » semble perdu, bien que son œuvre soit sans doute ce qu'un écrivain a de plus intime.

Citons ici l'exemple de Gide qui écrit et publie en même temps le roman *Les Faux-Monnayeurs* et le *Journal des Faux-Monnayeurs*. Ajoutons, pour corser le jeu de miroirs, que dans le roman *Les Faux-Monnayeurs* un des personnages est un écrivain qui tient le journal du roman qu'il écrit, intitulé... « Les Faux-Monnayeurs » !

Enfin, on trouve des journaux écrits par des peintres : l'artiste y rend compte de son expérience ou formule des théories sur l'art. Citons le journal d'Odilon Redon et celui de Delacroix, remarquables en tous points.

QUATRIÈME PARTIE

L'autobiographie

1 L'autobiographie comme genre

La frontière du genre autobiographique suscite de multiples interrogations : s'il est possible de consigner par écrit l'histoire de sa propre vie, il est également possible de retrouver dans des textes dits de fiction une part plus ou moins grande de la vie de leurs auteurs. Il nous faut donc définir les limites et les traits distinctifs de ces textes que l'on dit autobiographiques.

QU'EST-CE QU'UNE AUTOBIOGRAPHIE ?

L'écriture de soi

Étymologiquement, le terme « autobiographie » (*auto* : soi-même ; *bio* : vie ; *graphie* : écriture) désigne le récit écrit que fait une personne de sa vie. Pour reprendre une expression de Jean Starobinski, il s'agit de la « biographie d'une personne faite par elle-même ».

Le mot « autobiographie » apparaît en Allemagne et en Angleterre autour des années 1800, mais les siècles précédents avaient déjà connu une floraison des écritures du moi. Le mot « autobiographie » existait donc avant le genre qu'il désigne, mais Philippe Lejeune refuse de prendre ce fait en considération :

> Le mot « autobiographie » désigne un phénomène radicalement nouveau dans l'histoire de la civilisation, qui s'est développée en Europe occidentale depuis le milieu du XVIIIe siècle : l'usage de raconter et de publier l'histoire de sa propre personnalité.

Dans un premier ouvrage de réflexion sur ce genre « complexe », *Pacte autobiographique* (Seuil, 1975), Philippe Lejeune déclare :

L'autobiographie (récit racontant la vie de l'auteur) suppose qu'il y ait *identité de nom* entre l'auteur (tel qu'il figure, par son nom, sur la couverture), le narrateur du récit et le personnage dont on parle.

Ce critère peut en effet définir aussi bien l'autobiographie que d'autres genres de la littérature intime comme le Journal, les Mémoires, les Cahiers, la biographie ou le récit de vie.

Le pacte autobiographique

Toutefois, l'autobiographie présente une particularité. Lejeune réunit une centaine de textes qu'il appelle « pactes autobiographiques », et les définit comme des « prologues où l'auteur définit son projet et prend des engagements vis-à-vis de son lecteur ». Le « Préambule » des *Confessions* de Rousseau en est le meilleur exemple :

> Je forme une entreprise qui n'eut jamais d'exemple, et dont l'exécution n'aura point d'imitateur. Je veux montrer à mes semblables un homme dans toute la vérité de la nature ; et cet homme ce sera moi.

Rousseau fait ici un pacte avec son lecteur en lui proposant un **contrat de lecture**. Il pose également les trois spécificités du genre : le projet autobiographique a valeur de vérité, valeur d'acte (« l'entreprise ») et valeur d'identité (« je » équivaut à « un homme » qui équivaut à « moi »).

Définitions de l'autobiographie

Constatant que « la particularité de l'autobiographie est qu'elle affiche plus que d'autres genres son contrat de lecture », Lejeune propose en 1971 une première définition, reformulée ainsi en 1975 :

> Récit rétrospectif en prose qu'une personne réelle fait de sa propre existence, lorsqu'elle met l'accent sur sa vie individuelle, en particulier sur l'histoire de sa personnalité.

Lejeune reviendra à maintes reprises sur cette définition, ouvrant au fil de ses publications le champ de l'autobiographie à la poésie (dans *Le Pacte autobiographique (bis)*, "Poétique", 1983), puis à d'autres disciplines telle la psychanalyse (*Moi aussi*, 1986).

ENJEUX ET TRAITS DISCRIMINANTS DE L'AUTOBIOGRAPHIE

Les données contextuelles : un récit référentiel

Le texte autobiographique fait souvent référence à une réalité extérieure au texte (le « hors-texte ») et suppose donc la connaissance de données historiques et culturelles. Par exemple, Simone de Beauvoir évoque dans son autobiographie (*Mémoires d'une jeune fille rangée*, 1958 ; *La Force de l'âge*, 1960 ; *La Force des choses*, 1963 ; *Tout compte fait*, 1972) la situation politique et sociale française à chacune des périodes de sa vie, et se réfère constamment aux débats présents au sein du groupe d'intellectuels dont elle faisait partie. De la même façon, Montaigne évoque à plusieurs reprises dans ses *Essais* la guerre civile.

Le récit autobiographique est par ailleurs totalement référentiel dans la mesure où l'auteur se confond avec le narrateur et le personnage principal. Pour Lejeune, « ce seul fait exclut la possibilité de la fiction » car, ajoute-t-il, « même si le récit est, historiquement complètement faux, il sera de l'ordre du *mensonge* (qui est une catégorie « autobiographique ») et non de la fiction ». L'auteur, présenté sur la couverture de l'ouvrage par son nom, est le référent auquel renvoie, par le pacte autobiographique, le narrateur.

Ce « pacte référentiel » va, selon Lejeune, inscrire le texte dans le champ de la vérité : « pas celle de l'existence réelle mais la vérité du texte dite par le texte ». Il s'agit là d'une question d'authenticité et non d'exactitude (*Le pacte autobiographique*, Seuil).

L'identité de personne entre auteur, narrateur et personnage

Du fait de cette identité, il est normal que l'autobiographie s'écrive le plus souvent à la première personne du singulier, c'est-à-dire avec un « je ». Le contraire n'est pas vrai, et des récits de fiction peuvent être écrits à la première personne : c'est le cas de *Manon Lescaut,* où le narrateur est un personnage du roman de l'abbé Prévost, ou de *La Chute* de Camus, où le personnage s'exprime à la première personne dans un long monologue.

L'autobiographie maintient donc une distinction entre auteur, narrateur et personnage, mais ces trois rôles sont incarnés par une même personne, identifiée sous un seul nom. Ce « je » est toutefois souvent divisé, si ce n'est dédoublé : c'est de son « moi » dont le narrateur veut nous parler, en marquant parfois une distance. Cette attitude est particulièrement visible chez Marguerite Yourcenar au tout début de sa trilogie autobiographique (*Souvenirs pieux*, 1974 ; *Archives du Nord*, 1977 ; *Quoi ? L'Éternité*, Gallimard, 1988) : « L'être que j'appelle moi vint au monde un certain lundi 8 juin 1903, vers les 8 heures du matin, à Bruxelles [...]. »

Le dédoublement du narrateur peut également donner lieu, dans le texte, à une alternance de pronoms de la première et de la troisième personne (le « je » et le « il »). Dans *L'Amant* (Minuit, 1984) de Marguerite Duras nous lisons sur la même page (→ LECTURE MÉTHODIQUE 2, p. 136) :

> Ce jour-là je dois porter cette fameuse paire de talons hauts en lamé d'or. [...] Ce ne sont pas les chaussures qui font ce qu'il y a d'insolite, d'inouï, ce jour-là, dans la tenue de la petite.

Chez Michel Leiris, auteur d'une œuvre considérée comme presque exclusivement autobiographique, le passage du « je » au « il » montre la difficulté du rapport entre le moi qui écrit et son image reproduite. Mais pour Leiris l'écriture biographique devient une recherche de l'écriture, car « en posant le moi comme objet d'écriture » il tente d'élucider « la motivation du moi écrivant ».

La recherche de l'identité

Huit siècles après la célèbre injonction du philosophe grec Socrate (470-399 avant J.-C.) « Connais-toi toi-même », Saint Augustin, (397-430 après J.-C.), auteur des *Confessions,* a été le premier à problématiser avec rigueur et lucidité le statut multiple du sujet narrant/confessant/commentant de l'autobiographie. D'emblée il pose les questions qui permettent, selon Aristote, de définir le genre de discours : Qui parle ? À qui ? De quoi ?

Au XXe siècle, l'écrivain Philippe Sollers, s'interrogeant sur le *cogito* de Descartes, écrit : « Avec Mallarmé, le " je pense donc je suis " devient pour ainsi dire : " J'écris, donc je pense à la question : qui suis-je ? " »

L'autobiographe, peintre de soi, va donc se poser en objet, par une sorte d'action réflexive. Les questions que se pose Stendhal avant de commencer le récit de sa vie sont communes à bien des autobiographes : « Je vais avoir cinquante ans, il serait bien temps de me connaître. Qu'ai-je été ? Que suis-je ? En vérité, je serais bien embarrassé de le dire. »

Dans cette recherche de l'identité, on peut aussi considérer le nom qu'ont choisi de se donner les autobiographes, comme auteurs d'une part et comme narrateurs/personnages de l'autre.

Ce sont souvent les femmes qui ont recours au pseudonyme pour raconter leur vie. Au XIXe siècle, elles choisissaient même des prénoms masculins pour déjouer les préjugés misogynes : c'est le cas de George Sand (1804-1876), née Aurore Dupin et devenue baronne Dudevant. Pour Colette, la mise au point de son identité nominale durera trente ans, et ce n'est qu'en 1923 que sera publié sous ce nom le roman *Le blé en herbe*. Colette était en fait le patronyme de son père, le capitaine Colette. On pense aussi à Marguerite Duras, qui remplaça le nom de son père (Dieudonné) par celui de Duras, village du Sud-Ouest de la France où son père possédait une maison. Et que dire d'un écrivain s'appelant Henry Beyle qui publie, sous le pseudonyme de Stendhal, le récit de sa vie intitulé *Vie d'Henry Brulard* ?

Récit rétrospectif et récit de mémoire

Cet effet de dédoublement de soi entre un « il » ancien – celui des événements passés – et un « je » présent – celui qui écrit et se souvient – pose aussi le problème de la temporalité. Le temps de la narration, celui où parle le narrateur, est donc postérieur au temps de l'histoire, celui où agit le personnage.

Il faut alors remarquer qu'un double écart sépare le *je* du *moi*: un écart temporel (comment me rappeler maintenant celui que j'ai été autrefois ?) ; et un écart d'identité (je ne suis plus, au moment où j'écris, celui que j'étais à l'époque parfois lointaine où je vivais ces événements dont je fais le récit).

Le narrateur est donc souvent amené à juger celui qu'il fut. Car faire l'histoire de sa personnalité, ce n'est pas uniquement raconter des événements passés : c'est aussi les évaluer et les analyser à la lumière de l'expérience acquise. Pour cette raison, la présence de récits d'enfance est considérée comme inévitable dans une autobiographie. Rousseau les introduit le premier dans ses *Confessions* ; mais le récit d'enfance va s'imposer, surtout à partir du XXe siècle, comme critère obligé de toute autobiographie.

Tout comme les mémoires, le journal ou les récits de vie, l'autobiographie fait partie du champ des « récits de mémoires ». Mais le narrateur souffrant des défaillances de sa mémoire va se forger une mémoire « de papier », comme l'écrit Montaigne dans les *Essais*. En effet, il est bien évident que tout récit autobiographique qui se voudrait exhaustif, est soumis au risque de l'oubli. Rousseau, dans son « préambule », s'en justifie auprès de ses lecteurs :

> Je n'ai rien tu de mauvais, rien ajouté de bon, et s'il m'est arrivé d'employer quelque ornement indifférent, ce n'a jamais été que pour remplir un vide occasionné par mon défaut de mémoire.

L'ESPACE AUTOBIOGRAPHIQUE

Gide affirmait que l'on trouverait plus de vérité dans ses romans que dans son autobiographie (*Si le grain ne meurt*, 1920-1921). Pour Mauriac, « la fiction ne ment pas » car s'y glisse, « en dehors de tout contrôle, l'âme inconnue » de son auteur. Sartre lui-même, envisageant de continuer *Les Mots*, œuvre autobiographique, sous la forme d'une fiction, déclarait : « Il serait temps que je dise enfin la vérité. Mais je ne pourrai la dire que dans une œuvre de fiction. »

Robbe-Grillet va créer un véritable effet de surprise lorsqu'il déclarera, en 1985, au début de son autobiographie, *Le Miroir qui revient* (Minuit) : « Je n'ai jamais parlé d'autre chose que de moi. » Dans *Poésie et Vérité* (1811-1830), Goethe décrit ainsi son travail autobiographique : « [...] tout ce qui a été publié de moi ne représente que les fragments d'une grande confession, et ce livre est une tentative de la rendre complète. »

Tous ces écrivains, auteurs à la fois de romans et d'autobiographies, créent ce que Lejeune appelle « un espace autobiographique », dans lequel il faut ranger et lire l'ensemble de leur œuvre. Mais « il ne s'agit pas ici de savoir lequel, de l'autobiographie ou du roman, serait le plus vrai. Ni l'un ni l'autre ». Il faut alors poser le critère du « pacte fantasmatique », qui serait une forme indirecte du pacte autobiographique : le lecteur est ainsi invité à lire les romans non seulement comme des *fictions* renvoyant à une vérité de la « nature humaine », mais aussi comme des *fantasmes* révélateurs d'un individu.

La question du « pacte » entre l'auteur et son lecteur est donc essentielle. C'est ce « contrat de lecture » qui va permettre de définir, comme nous l'avons vu plus haut (→ p. 16), si un texte peut être défini, ou non, comme une autobiographie.

L'HORIZON D'ATTENTE DU LECTEUR

Dans la période romantique, de nombreux écrivains ont puisé leur inspiration romanesque dans des projections autobiographiques. C'est le cas de Chateaubriand (*René*, 1802), Benjamin Constant (*Adolphe*, 1806) ou Mme de Staël (*Corinne*, 1807). Ils suscitaient ainsi, chez leurs lecteurs, ce qu'on appelle un « horizon d'attente » autobiographique.

Cette méthode de lecture (deviner la présence de l'auteur même dans des textes non autobiographiques) est aussi devenue une méthode de critique littéraire : traquer l'homme derrière chaque page de son œuvre. Sainte-Beuve inaugura cette méthode en 1830.

Proust (*Contre Sainte-Beuve*, 1908-1910) et Valéry s'y opposèrent farouchement. « Le moi qui écrit, habite ailleurs, beaucoup plus loin, beaucoup plus profond » ajoute Jacqueline Risset (*Entretiens sur la biographie*, Carnet séguier).

De nombreux auteurs d'autobiographies ont anticipé la réception de leurs textes en indiquant dans des préambules, ou dans le corps même du texte, la meilleure façon de les lire et de les comprendre. Prévoyant « l'horizon d'attente » de son lecteur, l'autobiographe cherche à guider son interprétation et à gagner son intérêt.

Ce lecteur « idéal », à qui s'adresse l'autobiographe, peut être Dieu (Saint Augustin) ou les hommes (Rousseau, Montaigne et tous – ou presque – les autres). Voilà comment, dans le livre IV des *Confessions,* Rousseau définit la fonction du lecteur :

> C'est à lui d'assembler ces éléments et de déterminer l'être qu'ils composent : le résultat doit être son ouvrage ; et s'il se trompe alors, toute erreur sera de son fait.

Chez Nathalie Sarraute, dont le récit *Enfance* (1983) est écrit sous forme de dialogue, le « double » pourrait représenter une figure du lecteur virtuel, une instance du moi qui intériorise un lecteur idéal. D'emblée, les premières répliques tentent de définir le projet :

> -Alors, tu vas vraiment faire ça ? « Évoquer tes souvenirs d'enfance »... Comme ces mots te gênent, tu ne les aimes pas. [...]
> Oui, je n'y peux rien, ça me tente, je ne sais pas pourquoi...

Le lecteur joue donc un rôle capital dans le développement de ce genre de la littérature personnelle dont le succès ne se dément pas. Ses motivations sont plus ou moins nobles.

Une curiosité malsaine, perceptible également dans la lecture des journaux à scandales, peut porter sa lecture. Ainsi, dans l'autobiographie de Casanova (*Histoire de ma vie*, publiée seulement en 1960, près de deux siècles après leur rédaction), le lecteur cherchait les confidences érotiques du célèbre séducteur. Bien sûr, quand une femme appelée Catherine Millet écrit un livre intitulé *La vie sexuelle de Catherine M.*, le lecteur est encouragé, dès le titre, à adopter une position de... voyeur !

La curiosité du lecteur d'autobiographies peut être plus intellectuelle : il cherche, dans les témoignages vécus, la connaissance d'une période historique ou, plus généralement, un approfondissement de la nature humaine. À travers les souvenirs, les sentiments, les goûts et les idées du narrateur, c'est son propre moi que le lecteur élucide. Montaigne avait d'ailleurs écrit dans le livre III des *Essais* (1588) que « chaque homme porte en soi la forme entière de l'humaine condition ». Et Gérard de Nerval avait bien compris le goût pour la littérature du moi lorsqu'il écrivait en 1852 :

> L'intérêt des mémoires, des confessions, des autobiographies, des voyages même, tient à ce que la vie de chaque homme devient ainsi un miroir où chacun peut s'étudier, dans une partie du moins de ses qualités ou de ses défauts.

2 L'écriture autobiographique

Si l'autobiographie a toujours tenté les écrivains, c'est qu'elle autorise tous les modes de narration et qu'elle crée une figure mythique de la personne. L'autobiographe se trouve dans une situation paradoxale : tout en restant un individu, il se fait aussi écrivain ; et pour mieux parler de sa vie, il doit se retirer de la vie en se confiant à l'univers imaginaire de l'écriture.

LES MOTIVATIONS DE L'AUTOBIOGRAPHE

Objectifs éthiques et esthétiques

En concluant un « pacte » avec son lecteur, l'auteur de l'autobiographie s'engage à dire la vérité avec des exigences éthiques et esthétiques. Rousseau, dans la tradition des *Confessions* de Saint Augustin, cherche à s'attirer la miséricorde de Dieu et des hommes, mais éprouve aussi le besoin de s'autojustifier. Ses préoccupations sont éthiques.

Stendhal se pose aussi, en commençant la *Vie d'Henry Brulard*, en 1832, des questions existentielles et veut faire son « examen de conscience ». Mais il reconnaît le plaisir à écrire ses « confessions ». Son projet est donc à la fois éthique et égotiste[1]. Le projet de Loti, dans *Le roman d'un enfant* (1890), est plus esthétique qu'éthique si

1. *Égotisme* : disposition à parler beaucoup de soi.

l'on en croit sa dédicace écrite pour la reine de Roumanie : « Autour de moi, déjà tombe une sorte de nuit ; où trouverai-je à présent des mots assez frais, des mots assez jeunes ? » Mais la dimension éthique est aussi présente : « Au moins essaierai-je d'y mettre ce qu'il y a de meilleur en moi, à une époque où il n'y avait rien de bien mauvais encore. »

Quant à Nathalie Sarraute, qui n'a pas pour projet de se confesser ni de tout dire, elle considère qu'*Enfance* (Gallimard, 1983) n'est pas une autobiographie, car elle prend pour modèles Saint Augustin et Rousseau. Son projet est donc uniquement esthétique et philosophique : connaître le réel, faire resurgir un passé enfoui mais non perdu, comme le révèle la fin de l'ouvrage :

> Je ne pourrais plus m'efforcer de faire surgir quelques moments, quelques mouvements qui me semblent encore intacts, assez forts pour se dégager de cette couche protectrice qui les conserve, de ces épaisseurs, blanchâtres, molles, ouatées qui se défont, qui disparaissent avec l'enfance.

La connaissance de soi

Récit rétrospectif, l'autobiographie est aussi une analyse rétrospective du moi. En relatant les épisodes de sa vie passée, l'écrivain tente de comprendre ce qu'il est devenu à l'époque où il écrit. Il recherchera alors quel événement de son passé, de son enfance, va donner une signification nouvelle à son existence. L'exemple de Leiris est ici significatif : il intègre à son écriture son expérience de la psychanalyse et de l'ethnographie, toutes deux fondées sur l'étude des structures mentales. Commencé durant sa cure psychanalytique, *L'Âge d'homme* (1939) accorde une grande place à la sexualité, aux récits de rêves, tout en laissant le lecteur interpréter les « non-dits » inévitables.

À cette quête de soi s'associe la plupart du temps une quête du bonheur perdu. Bien souvent les autobiographies commencent par une évocation élégiaque du monde heureux de l'enfance qui s'oppose à un présent connoté plus négativement, plein de regret et la mélancolie

L'autobiographe est surtout préoccupé par le monde intérieur, mais son portrait physique n'est pas toujours absent. Dès le début de *L'Amant* (Minuit), Marguerite Duras dit se reconnaître d'avantage dans le visage « dévasté » de la femme qu'elle est devenue que dans celui de la jolie jeune fille qu'elle était. Son autoportrait est impitoyable :

> J'ai un visage lacéré de rides sèches et profondes, à la peau cassée. Il ne s'est pas affaissé, comme certains visages à trais fins, il a gardé les mêmes contours mais sa matière est détruite. J'ai un visage détruit.

Le portrait moral en revanche est un objectif pratiquement commun à tous les autobiographes, de Rousseau à Sartre. Il est souvent l'accomplissement d'une approche philosophique de l'univers. C'est le cas de Renan qui rappelle dans la Préface à ses *Souvenirs d'enfance et de jeunesse* (1883) :

> S'imaginer que les menus détails de sa propre vie valent la peine d'être fixés, c'est donner la preuve d'une bien mesquine vanité. On écrit de telles choses pour transmettre aux autres la théorie de l'univers qu'on porte en soi.

En 1960, dans un « prologue » au deuxième volume de son autobiographie, *La Force de l'âge*, Simone de Beauvoir confirme cette fonction de l'autobiographie :

> [...] si un individu s'expose avec sincérité, tout le monde, plus ou moins, se trouve mis en jeu. Impossible de faire la lumière sur sa vie sans éclairer, ici ou là, celle des autres.

« L'écriture ou la vie »

L'autobiographe fait aussi œuvre poétique dans la mesure où il recrée ce qui n'existe plus : en lui donnant un ordre, un sens, il manifeste un souci artistique et un projet d'écriture. Grâce à l'écriture, l'ensemble disparate et désordonné de toute vie s'ordonne et prend un sens. George Sand, dans *Histoire de ma vie,* veut par exemple montrer comment grâce à sa double origine, aristocratique par son père et populaire par sa mère, elle a pu triompher des préjugés sexistes de son époque et conquérir son indépendance.

Parfois, l'autobiographie vient s'inscrire dans le parcours d'une œuvre littéraire, qu'elle semble couronner (l'autobiographe écrit en principe son autobiographie à partir d'un âge assez avancé). C'est le cas de Nathalie Sarraute qui va livrer, à 83 ans, les clefs personnelles de ce qu'elle racontait de façon impersonnelle dans ses romans. Et poursuivant ces dialogues-soliloques qui caractérisent toute son œuvre littéraire, elle va contester de l'intérieur même du texte la forme autobiographique.

Mais à travers le récit de sa vie, l'autobiographe, comme tout artiste, manifeste le désir de durer au-delà de sa propre vie, de laisser une trace. L'art est ce que l'homme construit pour lutter contre l'usure du temps. C'est ce que Malraux synthétise dans sa célèbre formule : « L'art est un anti-destin. »

Rappelons enfin que l'écriture peut devenir une nécessité impérieuse lorsqu'il s'agit de donner un témoignage sur une expérience « invivable », comme celle des camps de concentration. Pour Élie Wiesel (*La nuit*), Robert Antelme (*L'Espèce humaine*), Primo Levi (*Si c'est un homme, La Trêve*) ou Jorge Semprun (*Le grand voyage*), il s'agissait d'écrire ce qui est inexprimable. Et comme l'explique magnifiquement Jorge Semprun, dans *L'Écriture ou la vie* (Gallimard) : « Seul l'artifice d'un récit maîtrisé parviendra à transmettre partiellement la vérité du témoignage. »

Quant à Georges Perec, dans *W et le souvenir d'enfance* (Gallimard), il explique ainsi sa décision d'écrire une autobiographie :

> Quoi qu'il arrive, quoi que je fasse, j'étais la seule mémoire vivante, le seul vestige de ce monde. Ceci, plus que toute autre considération, m'a décidé à écrire.

LES THÈMES DE L'ÉCRITURE

Comme le roman d'apprentissage ou le conte merveilleux, l'autobiographie est composée d'une succession de passages obligés. Il s'agit des différentes étapes de la formation d'un individu et de son entrée dans le monde. Ces différents moments que l'on retrouve dans la plupart des récits autobiographiques sont dits topiques car ce sont des sortes de lieux communs (*topos* en grec signifie « lieu »).

Le récit d'enfance

Le premier grand moment narratif d'une autobiographie est sans doute, depuis Rousseau, le récit d'enfance. L'auteur des *Confessions* a compris, plus d'un siècle avant l'invention de la psychanalyse par Freud, le rôle déterminant de l'enfance dans la formation d'une personnalité :

> J'ai promis de me peindre tel que je suis et pour me connaître dans mon âge avancé, il faut m'avoir bien connu dans ma jeunesse. [...] Je m'applique à bien développer partout les premières causes pour faire sentir l'enchaînement des faits.

Certaines autobiographies se limitent même au récit de l'enfance, comme *Les Mots* de Sartre ou *Enfance* de Nathalie Sarraute. D'autres autobiographes, comme Stendhal ou Gide, ne vont pas au-delà de l'adolescence. Amélie Nothomb, elle, fait remonter ses premiers souvenirs à la vie intrautérine et fait terminer son enfance à trois ans : « depuis, il ne s'est rien passé » ! Il est vrai que *Métaphysique des tubes* (Grasset, 2000) semble plus proche du récit de fiction que de l'autobiographie...

Le récit d'enfance comporte par ailleurs des éléments récurrents que le critique Bruno Vercier résume ainsi : « Je suis né. Mon père et ma mère. La maison. Le reste de la famille. Le premier souvenir. Le langage. Le monde extérieur. Les animaux. La mort. Les livres. La vocation. L'école. Le sexe. La fin de l'enfance. »

Ainsi, les *Mémoires d'une jeune fille rangée*, premier tome de la longue autobiographie de Simone de Beauvoir, débute par : « Je suis née à quatre heures du matin, le 9 janvier 1908, dans une chambre aux meubles laqués de blanc, qui donnait sur le boulevard Raspail. » Pour Colette, la maison natale et sa mère constituent les pôles essentiels et déterminants de son enfance et donnent leurs titres à deux de ses textes autobiographiques : *La maison de Claudine* et *Sido*, prénom de sa mère.

Le récit d'une vocation

L'apprentissage des mots, des livres, de l'écriture, est un moment privilégié des autobiographies d'écrivains. La composition des *Mots* de Sartre est exemplaire puisque, délibérément, il donne pour titres à chacune des deux parties, « Lire » et « Écrire », détaillant ainsi le titre d'ensemble de l'ouvrage. Pour Lecarme, « le coup de génie ou le coup de force de Sartre consiste à situer l'essentiel de la genèse de sa vie intellectuelle dans sa petite enfance, de cinq à douze ans, en bravant l'incrédulité du lecteur, devant une si étonnante précocité ». Rappelons aussi que Sartre, biographe de Flaubert – *L'idiot de la famille* –, établit que c'est entre sept et neuf ans que survint la décision de Flaubert de devenir écrivain.

Après avoir écrit les *Mémoires d'une jeune fille rangée*, Simone de Beauvoir justifie, dans un « prologue » à *La Force de l'âge*, son désir de continuer :

> Peu à peu, je me suis convaincue que le premier volume de mes souvenirs exigeait à mes propres yeux une suite : inutile d'avoir raconté l'histoire de ma vocation d'écrivain si je n'essaie pas de dire comment elle s'est incarnée.

Les lieux de la mémoire

L'écrivain peut vouloir retenir de sa vie les moments qui correspondent à un lieu donné. Les lieux de l'enfance, bien sûr, mais aussi ceux traversés au cours de voyages ou de séjours prolongés. L'Italie pour Stendhal, l'Afrique du Nord pour Gide, représentent des éléments indissociables de leur moi intime. De nombreux écrivains comme George Sand ou Simone de Beauvoir ont d'ailleurs écrit des journaux ou des récits de voyages qu'elles ont ensuite publiés ou intégrés à leur autobiographie. Citons aussi le cas moins connu d'Isabelle Eberhardt, née en 1877, qui choisit, à vingt ans, de vivre dans le Sahara où elle mourut en 1904. Ses écrits autobiographiques – rassemblés en 1988 sous le titre *Écrits sur le sable* - montrent comment un paysage peut absorber une vie.

La ville peut aussi jouer le rôle d'un écran sur lequel l'autobiographe projette le film de sa vie : *Venises* (1971) de Paul Morand indique, par le pluriel accolé au nom de la ville-lagune, la pluralité des métaphores. Dans *La Forme d'une ville* (José Conti), c'est Nantes qui suggère à Julien Gracq une « rêverie autobiographique » :

> Reprenons donc le chemin des rues de Nantes, non pas à la rencontre d'un passé que je ne voudrais mettre à ressusciter aucune complaisance, mais plutôt de ce que je suis devenu à travers elles et elles à travers moi.

Lecarme propose de donner à ces textes le nom de « géographie du moi » ou d'« auto-géographie ».

Fin de l'autobiographie et fin de la vie

De nombreuses autobiographies se terminent au début de l'adolescence (fin du récit d'enfance), d'autres à la sortie des années de formation (fin du récit de jeunesse). D'autres enfin voient le temps de l'histoire rejoindre le temps de la narration et l'écriture semble coïncider avec la mort du narrateur.

Enfance de Nathalie Sarraute (Gallimard) se termine au moment où l'enfant rentre au lycée Fénelon, à douze ans, pour affronter une « nouvelle vie ». L'auteur justifie ainsi, dans l'avant-dernier paragraphe, son désir de terminer le récit :

> C'est peut-être qu'il me semble que là s'arrête pour moi l'enfance… quand je regarde ce qui s'offre à moi maintenant, je vois comme un énorme espace très encombré, bien éclairé…

Gide, pour sa part, conduit le personnage jusqu'à la pleine formation de sa personnalité mais pas au-delà. Mais Rousseau ne peut se résoudre à s'arrêter à ses souvenirs de jeunesse : la deuxième partie des *Confessions* est encore une recherche du moi, bien que le ton devienne plus âpre ; et il lui faudra encore écrire les *Rêveries du promeneur solitaire* pour continuer à méditer sur une formation toujours menacée.

Idéalement le récit autobiographique devrait accompagner son personnage jusqu'au moment où, auteur-narrateur, il a entrepris d'écrire sa vie : Chateaubriand termine ainsi ses *Mémoires d'outre-tombe* un pied dans la tombe :

> Je vois les reflets d'une aurore dont je ne verrai pas se lever le soleil. Il ne reste qu'à m'asseoir au bord de ma fosse ; après quoi je descendrai hardiment, le crucifix à la main, dans l'éternité.

Cette mort si proche, d'où Chateaubriand semble écrire, est un thème constant, même s'il n'est pas toujours explicité, de l'autobiographie. Ce monde perdu à jamais, celui de l'enfance et des bonheurs passés, ne ressuscite qu'à travers le temps de l'écriture ou de la lecture.

C'est aussi pour conjurer la mort d'êtres chers que beaucoup d'autobiographes ont commencé à écrire : Rousseau, Constant, Stendhal, Gide, Sartre, Sarraute. Ainsi Georges Perec, devenu orphelin après la déportation de sa mère en camp de concentration déclarait en commençant *W ou le souvenir d'enfance* (Gallimard, 1975) : « Je n'ai pas de souvenir d'enfance ». Il explique son projet autobiographique en ces mots :

> J'écris parce qu'ils ont laissé en moi leur marque indélébile et que la trace en est l'écriture : leur souvenir est mort à l'écriture ; l'écriture est le souvenir de leur mort et l'affirmation de ma vie.

3 Modes narratifs et types d'autobiographie

Récit souvent linéaire, qui suit le narrateur de sa naissance à la mort, l'autobiographie emprunte, dans la plupart des cas, des formes narratives au genre romanesque. Mais de Saint Augustin à nos jours il existe plusieurs types possibles d'autobiographies.

LES ASPECTS DE LA NARRATION AUTOBIOGRAPHIQUE

Dans quel ordre se raconter ?

Presque toutes les autobiographies suivent un ordre **chronologique** qui correspondrait au déroulement de la vie, à l'ordre des choses en somme. Marguerite Yourcenar établit une sorte d'arbre généalogique en remontant les générations avec l'objectivité de l'historienne : dans *Souvenirs pieux* (1974), elle retrace l'histoire de sa famille maternelle, tandis que *Archives du Nord* (1977) suit la lignée paternelle. Ce n'est que dans la troisième partie de ce volume que la narratrice situe sa naissance.

Mais il n'est pas toujours facile, pour l'autobiographe, de respecter l'ordre chronologique : la mémoire lui fait souvent défaut. Par ailleurs, certains événements doivent être éclairés par des épisodes beaucoup plus éloignés dans le temps, tandis que d'autres sont anticipés pour mieux soutenir l'intérêt du lecteur. « Ces entorses à l'ordre chronologique sont inévitables », selon Lejeune, si l'on veut « rendre compte du sens d'une vie ».

L'autobiographe se rabat alors sur une sorte d'**ordre thématique** en juxtaposant une suite de récits. C'est ce que décidera de faire Beauvoir dans le quatrième volume de son autobiographie, *Tout compte fait* (Gallimard, 1972), en se justifiant ainsi dans le « prologue » :

> Dans les volumes précédents, j'ai adopté un ordre chronologique. J'en connais les inconvénients. [...]
> Aujourd'hui, les circonstances sont différentes. [...] Alors il ne m'est plus nécessaire de prendre pour fil conducteur le déroulement du temps ; dans une certaine mesure je tiendrai compte de la chronologie ; mais c'est autour de certains thèmes que j'organiserai mes souvenirs.

Leiris, quant à lui, donne à l'ordre thématique la place principale et met la chronologie au second plan. Il est vrai aussi que les textes de Leiris s'apparentent plus à l'*autoportrait* qu'à l'autobiographie classique, cette dernière ayant une structure plus narrative. Leiris se situe donc dans la lignée des *Essais* de Montaigne. L'autobiographie moderne se caractérise par cette **structure fragmentaire**, le florilège se substituant au flot continu de la narration exacte.

Le cas le plus particulier à évoquer reste sans doute celui des *Mots* de Sartre. Pour Lejeune, qui lui consacre un chapitre du *Pacte autobiographique* (Seuil), la structure n'est qu'apparemment traditionnelle c'est-à-dire chronologique. Mais de fait « l'ordre du livre est celui d'une **dialectique** déguisée en suite narrative ». En effet, l'analyse « suit non pas l'ordre temporel des événements, mais l'ordre logique des fondements de la névrose ».

« Comme un roman »

Si l'on prend comme exemple *Les Confessions* de Jean-Jacques Rousseau, on voit combien les schémas romanesques inspirent son écriture : son autobiographie trouve une forme dans l'exploitation de modèles romanesque tels que le roman picaresque. Les tribulations tragi-comiques du jeune homme pauvre qui tire des enseignements moraux de chacune de ses aventures ou rencontres, suivent le schéma du roman de formation. On assiste à une sorte de mise en scène de certains événements qui deviennent les éléments d'une fable et ces micro-récits fonctionnent comme des épisodes de roman.

Il y a aussi chez Rousseau, comme chez les autobiographes qui ont suivi, une tendance à l'héroïsation du moi ; le narrateur devient un personnage et sa vie un destin. Même les proches du narrateur n'échappent pas à ce glissement vers le romanesque. La mère de Colette, par exemple, avec sa sagesse provinciale et son amour de la nature, acquiert la valeur d'un mythe. Son prénom « Sido », qui donne son titre à l'un des volumes où la narratrice évoque ses souvenirs de jeunesse, lui confère le statut d'une « Madame Bovary » ou d'un « Père Goriot », héros éponymes[1] des romans de Flaubert et Balzac.

Il est évident que l'autobiographe, pour raconter sa vie, doit avoir un projet d'écriture qu'il va tenter de réaliser en manifestant un souci artistique, à l'égal du romancier.

Les mots pour se dire

Rousseau exprime fort bien, dans le préambule du manuscrit – dit de Neuchâtel – des *Confessions,* le souci de distinguer l'autobiographie de la fiction. Il voudrait trouver, pour écrire le récit de sa vie et mettre son moi à nu, un style différent de celui de *La Nouvelle Héloïse*, le roman épistolaire qui l'a rendu célèbre :

> Il faudrait pour ce que j'ai à dire inventer un langage aussi nouveau que mon projet : car quel ton, quel style prendre pour débrouiller ce chaos immense de sentiments si divers, si contradictoires, souvent si vils et quelquefois si sublimes dont je fus sans cesse agité ?

Montaigne, quant à lui, adopte pour ses *Essais* une écriture « à sauts et à gambades », qui coïncide parfaitement avec la structure thématique d'un texte qui suggère l'instabilité des choses humaines et manifeste un moi « en mouvement ». Mais si, chez Montaigne, les mots disent encore la vie, le projet de Leiris est de prendre la vie au

1. *Éponyme* : du grec *epi*, sur, et *anoma*, nom, qui donne son nom à quelqu'un ou quelque chose. Par exemple : Athéna, déesse éponyme d'Athènes.

piège des mots ; dans le premier volume de *La Règle du jeu*, *Biffure*, il médite sur le pouvoir des mots et leur impossibilité à « établir entre la réalité et moi le contact le plus direct ».

Dans la mesure où l'autobiographie est un récit rétrospectif, il existe un décalage plus au moins grand entre le moment de l'écriture et celui où se sont déroulés les événements. Par ailleurs, l'autobiographe à la recherche de son moi est sans cesse tenté de l'élucider à travers ces moments du passé et de comparer son moi d'autrefois avec celui du présent de l'écriture. On en trouve un exemple dans ce passage des *Confessions* où Rousseau vient retrouver Mme de Warrens, qu'il appelle « Maman » :

> Je suis, en racontant mes voyages, comme je l'étais en les faisant ; je ne saurais arriver. Le cœur me battait de joie en approchant de ma chère Maman, et je n'en allais pas plus vite.

Rousseau semble ici mimer, dans l'acte d'écrire qu'il commente, l'événement qu'il rapporte ; dans un même temps, il compare les digressions du récit au vagabondage du personnage.

On comprend donc pourquoi le texte autobiographique fait alterner **récit** (histoire des événements passés) et **discours** (commentaires et réflexions du narrateur). Cette alternance correspond à une alternance des temps verbaux : le **passé**, temps dominant, sert à évoquer la petite enfance ou un passé moins lointain ; le **présent** est en revanche utilisé par le narrateur pour intervenir directement et commenter son récit.

Tons et registres

Dans l'autobiographie, ce décalage entre les deux époques de la vie (passé et présent) produit aussi une mise à distance. L'homme mûr porte sur l'enfant ou le jeune homme un regard ironique (Stendhal), compatissant (Rousseau), ou critique (Sartre). Le ton élégiaque des souvenirs heureux peut faire place à la mélancolie devant leur perte irrémédiable et l'approche de la vieillesse.

Beaucoup d'autobiographies s'inscrivant dans la tradition d'une littérature de l'aveu, on y retrouve le ton et l'argumentation du plaidoyer. À la fois juge et coupable, témoin et accusé, le narrateur

(Rousseau, Gide, par exemple) fait de son œuvre une « scène judiciaire », comme la définit G. Mathieu-Castellani.

Par le fait que l'autobiographie est un récit écrit après coup, elle fait aussi intervenir la mémoire. C'est pourquoi les auteurs accordent une place importante et une valeur particulière au phénomène qui va déclencher le souvenir : sensations auditives ou visuelles, rencontres, lieux retrouvés. Le récit autobiographique présente, dans de véritables « mises en scène », la remémoration du passé : de la pervenche bleue de Rousseau au « petit mur de brique rose » de Sarraute, en passant par le chant de la grive de Chateaubriand, l'art du récit présente un passé rendu vivant.

C'est pourtant un texte non autobiographique qu'il convient de citer ici, car il est devenu l'exemple absolu de l'écriture de la mémoire involontaire : il s'agit du début de *La Recherche du Temps perdu* de Marcel Proust (1871-1922). Le narrateur ayant trempé une madeleine dans une tasse de thé va tenter de faire revenir à sa « claire conscience l'instant ancien que l'attraction d'un instant identique est venue de si loin solliciter [...] ». Et lorsqu'il a finalement « reconnu le goût du morceau de madeleine trempé dans le tilleul que [lui] donnait [sa] tante » lorsqu'il était enfant et passait ses vacances à Combray, c'est « l'édifice immense du souvenir » qui se dresse devant lui, grâce à cette saveur qui le contenait :

> [...] tout Combray et ses environs, tout cela qui prend forme et solidité, est sorti, villes et jardins, de ma tasse de thé.

LES DIFFÉRENTS TYPES D'AUTOBIOGRAPHIES

Selon les époques et les objectifs des auteurs, les autobiographies ont pris des formes diverses qui se sont perpétuées ou renouvelées.

La tradition des Confessions religieuses

En favorisant le goût de l'introspection, saint Augustin a servi de référence à tout récit personnel (→ p. 9). Laïcisée, l'histoire de la conversion devient celle de la formation d'une personnalité. Mais le modèle religieux fournit encore une méthode : le rôle de l'aveu est structurant pour de nombreuses autobiographies. Rousseau, comme Augustin, s'obstine à avouer ses fautes et à s'en repentir. Les aveux les plus difficiles à formuler étant souvent d'ordre sexuel, du moins jusqu'au milieu du XXe siècle. On retrouve dans cette lignée l'autobiographie de Gide, *Si le grain ne meurt* (1920-1921) : la révélation de son homosexualité en est la motivation essentielle. Gide le protestant reprend une terminologie religieuse pour justifier son projet : « Mon récit n'a raison d'être que véridique. Mettons que c'est par pénitence que je l'écris. »

Mais, dans le récit de sa conversion, Saint Augustin inaugure aussi un type d'autobiographie fondé sur la rupture, le reniement des états antérieurs. J. Lecarme et E. Lecarme-Tabone (dans *L'autobiographie*, Armand Colin) voit chez l'auteur des premières *Confessions* une « haine de l'autobiographie, du moi, de l'enfance et des désirs humains » qui instaure une tradition d'« autobiographies négatives ». Comme exemples de cette « haine de soi », sont cités Julien Green (*Journal*), Sartre (*Les Mots*), Malraux (*Le Miroir des Limbes*).

L'autoportrait

Dans son ouvrage, *L'Autobiographie en France*, Lejeune excluait les *Essais* de Montaigne du corpus autobiographique car la structure de l'ouvrage n'était pas « narrative » mais « logique », c'est-à-dire thématique.

Michel Beaujour, en 1977, dans un article de la revue *Poétique* intitulé « Autobiographie et autoportrait », reprochera à Lejeune de se contredire puisqu'il redéfinit l'autobiographie, à partir de l'œuvre de Leiris, construite justement autour de thèmes et d'images, comme les *Essais*. Sans vouloir trancher – l'autoportrait est-il ou non « un art de l'autobiographie ? » – on ne saurait marquer une frontière trop rigide entre ces deux genres, qui divergent dans leurs types d'approche mais ont le même objectif : la représentation du moi.

Selon Beaujour, la formule de l'autoportrait est : « Je ne vous raconterai pas ce que j'ai fait mais je vais vous dire qui je suis. » C'est pourquoi la première page type de l'autoportrait n'est pas le récit de naissance mais le regard au miroir. Le moi y est saisi dans le présent, c'est-à-dire le temps de la narration.

« Je suis moi-même la matière de mon livre », annonce Montaigne ; et Leiris commence *L'âge d'homme* par ces lignes : « Je viens d'avoir trente-quatre ans, la moitié de la vie. Au physique, je suis de taille moyenne, plutôt petit. J'ai des cheveux châtains coupés courts. »

On retrouve ce présent de l'écriture dans *Les Mots* de Sartre qui, tout en demeurant un récit rétrospectif de l'enfance, se présente aussi comme un autoportrait de l'auteur-narrateur à l'âge adulte.

L'autobiographie des femmes

Des études récentes sur l'autobiographie tendent à consacrer un chapitre spécifique à l'autobiographie des femmes. Parallèlement, on constate une abondante production critique consacrée à des femmes autobiographes (Colette, Beauvoir, Duras, Sarraute, Yourcenar). Disons tout de suite que si ces autobiographies de femmes peuvent présenter des caractéristiques communes et spécifiques, il ne s'agit pas de les enfermer dans une grille réductrice que nombre de ces écrivain(e)s rejetteraient vigoureusement ! Il est cependant évident qu'un genre comme l'autobiographie, lié comme il l'est à la construction de l'identité, ne peut éluder l'appartenance au sexe.

La psychanalyse, la sociologie, l'anthropologie, ont démontré depuis longtemps que la petite fille, puis la femme, n'entretiennent pas le même rapport avec leur corps, chacun de leurs parents, les autres, le monde et l'écriture que leurs équivalents masculins. Le corps féminin impose un rythme biologique est soumis à un regard ou à des comportements particuliers. Colette, et plus récemment Annie Ernaux, ont su, en suscitant des lectures parfois scandalisées, rendre compte d'émois sensuels bien "féminins"...

Les relations avec la mère et le père sont aussi, selon les données de la psychanalyse, déterminantes dans la construction de l'identité et différentes selon le sexe. Pour Béatrice Didier, dans *Le Journal intime* (PUF), l'écriture autobiographique manifesterait chez les femmes un retour à la mère. Si cette explication n'est pas valable pour toutes les femmes autobiographes, il est particulièrement éclairant pour Colette. Celle-ci écrit dans une Préface à *La Maison de Claudine* et à *Sido* :

> Laissant et reprenant, sous leur forme de nouvelles brèves, *La Maison de Claudine* puis *Sido*, je n'ai pas quitté un personnage qui peu à peu s'est imposé à tout le reste de mon œuvre : celui de ma mère. Il n'a pas fini de me hanter.

Par ailleurs, une femme autobiographe, lorsqu'elle cherche à se connaître, va tenter de se définir par rapport à son sexe et aux autres femmes, alors que les hommes se situent par rapport au genre humain en général... Ainsi, Simone de Beauvoir raconte dans *La Force des choses* : « Je m'avisai qu'une première question se posait : qu'est-ce que ça avait signifié pour moi d'être une femme ? »

Mais souvent, en tant qu'écrivains, les femmes dépassent les limitations propres à leur sexe et se sentent à la fois homme et femme, comme George Sand. Quant à Nathalie Sarraute, dont l'autobiographie s'intitule génériquement *Enfance*, elle utilise, pour parler de l'enfant qu'elle était, un masculin qui équivaut à un neutre. Sarraute a d'ailleurs déclaré que quand elle écrivait elle n'avait pas de sexe !

Autobiographie et psychanalyse

Certains « patients », qui sont en train de faire une analyse ou viennent de la terminer, décident de raconter leur vie à la lumière et en regard de cette expérience particulière[1]. Marie Cardinal obtint un grand succès dans les années 70 avec *Les mots pour le dire* ; la

1. La cure psychanalytique consiste à retrouver et comprendre, à travers une libre association d'idées et le récit de rêves, les événements oubliés de la petite enfance qui ont pu être plus tard à la source d'angoisses ou de névroses.

psychanalyse ne fournissait en fait qu'un cadre dans lequel inscrire le récit de soi.

En mars 2001, Colette Mainguy dédicace son autobiographie « à Jacques Voyron, mon psychanalyste ». Elle l'a intitulée *La Juive* car, bien que de famille chrétienne, elle raconte avoir vécu dans sa propre famille une situation d'exclusion et de violence tellement douloureuses qu'elle avait décidé, enfant, d'être « juive ». Guérie d'une forte dépression grâce à la psychanalyse, c'est cette vie et cette thérapie qu'elle raconte.

Cette même année, Robert Guyon dédicace aussi son ouvrage, *Fragments d'une passion* (L'Harmattan, 2001), à son psychanalyste mexicain. Dans un « Avant-Lire » qui précède un texte formé de fragments narratifs datés et de poèmes, l'auteur présente ainsi son projet :

> Écriture pour soi, écriture « d'épreuves et d'exorcismes », comme dirait Henri Michaux, on peut lire ces pages comme les traces en creux du travail de l'analyse, comme un journal intime, ou mieux comme un poème, une mise en mots de l'indicible.

Des psychanalystes aussi ont écrit leur autobiographie, genre pour lequel ils éprouvent pourtant une grande méfiance. D'ailleurs, Freud raconte plus que sa vie « l'œuvre de [sa] propre vie » et se livre plus explicitement dans son étude des « souvenirs-écrans ». Quant à Jung, il présente *Ma vie* comme « l'histoire d'un inconscient ». Plus proche de nous, Pontalis, offre avec *L'Amour des commencements* un récit très prenant.

4 Critiques et marges de l'autobiographie

Si écrire sa vie est une entreprise difficile et ambiguë, c'est parce que l'écriture transmue la vérité en œuvre d'art. L'espace d'un texte littéraire est celui de l'imaginaire, même si les faits racontés sont exacts. Par ailleurs, la littérature autobiographique a beaucoup évolué durant ces vingt dernières années, en cherchant notamment à éluder ce genre canonique défini par le « Pacte » de Lejeune. Enfin, avec l'émergence des sciences humaines et l'expansion des nouveaux médias, l'acte autobiographique ne relève plus seulement de la littérature et même de la « graphie ».

L'AUTOBIOGRAPHIE EN QUESTION

« Poésie et vérité »

Goethe (1749-1832), l'un des fondateurs de l'autobiographie moderne, justifie ainsi le titre de son autobiographie, seul titre possible peut-être pour un genre qui tente de concilier le discours véridique sur soi et la création d'une œuvre d'art, la poésie :

> J'ai appelé ce livre *Poésie et vérité*, parce qu'il s'élève du domaine de la basse réalité au moyen de tendances plus hautes [...]. Un fait de notre vie ne vaut pas en tant qu'il est vrai, mais en tant qu'il signifie quelque chose.

Goethe tente ainsi de dépasser l'opposition, qui remonte à Aristote, entre deux façons de représenter le monde : une représentation anecdotique et superficielle ou une recréation plus profonde et essentielle. Ce qui reviendrait à se demander, comme le fait Gide dans *Si le grain ne meurt* (Gallimard), si le roman n'est pas plus « vrai » que l'autobiographie :

> Les Mémoires ne sont jamais qu'à demi sincères, si grand que soit le souci de vérité : tout est toujours plus compliqué qu'on ne le dit. Peut-être même, approche-t-on de plus près la vérité dans le roman.

C'est dans cette controverse que Lejeune définit « le paradoxe de l'autobiographie littéraire » : « Son essentiel double jeu est de prétendre être à la fois un discours véridique et une œuvre d'art. » À cet égard, Michel Leiris serait exemplaire dans la mesure où son autobiographie, *L'Âge d'homme*, tente de résoudre « cette tension entre la transparence référentielle et la recherche esthétique ».

Ce paradoxe est hérité de Rousseau qui, dans les différents Préambules de ses *Confessions*, assigne à son ouvrage la mission de dire la vérité. Mais cette vérité qu'il revendique, il faudrait la nommer sincérité, car c'est à son moi intérieur qu'elle renvoie, comme il le dit dans le Livre VII : « L'objet de mes confessions est de faire connaître exactement mon intérieur dans toutes les situations de ma vie. » On comprend bien, dès lors, que cette vérité n'est pas fondée sur le fait, comme la biographie par exemple. Le pacte autobiographique n'est pas un pacte de vérité mais référentiel, car l'autobiographie est fondée sur le réel et non sur le vrai.

D'autre part, Rousseau est bien conscient que pour transmettre l'histoire de sa vie « dans toute la vérité de la nature », il devra paradoxalement choisir ce moyen indirect et falsificateur qu'est l'écriture ; en effet, celle-ci fait écran au projet en même temps qu'elle le réalise. C'est pourquoi Starobinski, dans l'immense ouvrage qu'il a consacré à Rousseau – *Jean-Jacques Rousseau. La transparence et l'obstacle* (Gallimard, 1971) –, considère qu'« il a véritablement inventé l'attitude nouvelle qui deviendra celle de la littérature moderne [...] ; on peut dire qu'il a été le premier à vivre d'une façon exemplaire le dangereux pacte du moi avec le langage : la " nouvelle alliance " dans laquelle l'homme se fait verbe ».

Mémoire et oubli

L'autobiographie, nous l'avons vu, est un récit de mémoire (→ cf. p. 58). Et il nous faut alors constater que, de manière paradoxale, l'intention d'exhaustivité de l'autobiographe est entravée par des oublis, souvent involontaires, parfois intentionnels. Stendhal, en écrivant *La vie d'Henry Brulard*, fait preuve d'une grande lucidité à ce sujet et il reconnaît que, parfois, « le récit se confond avec les souvenirs ». De même qu'il n'y a qu'une vérité de l'écriture – et une sincérité de l'autobiographe –, c'est par le travail de l'écriture que l'écrivain va transformer une réalité dont il a perdu le souvenir.

Proust, en 1913, ira encore plus loin. En affirmant que « se souvenir, c'est imaginer », il prouvera, à ceux qui ont tenté d'y voir une œuvre autobiographique, que *La Recherche du temps perdu* est la plus belle œuvre de fiction qui ait été écrite sur le souvenir et la mémoire.

Sujet et objet

Nous avons déjà vu que l'autobiographie se distingue de la biographie par le dédoublement qu'elle implique entre le moi qui écrit et le moi dont il raconte la vie passée. Or, même lorsque l'autobiographe entreprend de faire le récit de sa vie à un âge avancé, « sa vie n'est pas toute faite derrière lui », comme le dit Gusdorf, « elle est aussi bien par devant ».

De plus, l'autobiographe risque, en s'arrêtant pour écrire, d'immobiliser les fluctuations de son moi intime, de lui donner une forme définitive, de croire à un moi permanent. Ce sont les inquiétudes que manifeste Nathalie Sarraute au seuil de son autobiographie, *Enfance*. Lorsque son interlocuteur (son double? son lecteur ?) lui dit qu'elle a toujours hésité avant de commencer à écrire quelque chose de nouveau, car ça « tremblote quelque part dans les limbes », elle rétorque:

> -Mais justement, ce que je crains, cette fois, c'est que ça ne tremble pas... pas assez... que ce soit fixé une fois pour toutes, du « tout cuit » donné d'avance...

Dire ou ne pas dire

Le dernier paradoxe de l'autobiographie concerne ce qui peut être dit et donc aussi la meilleure façon de le dire. Certains autobiographes, comme Simone de Beauvoir, déclarent d'emblée qu'ils ne diront pas tout (*La Force des choses*, Gallimard) :

> [...] si j'ai pu sans gêne, et sans trop d'indiscrétion, mettre à nu mon lointain passé, je n'éprouve pas à l'égard de mon âge adulte le même détachement et je ne dispose pas de la même liberté. Il ne s'agit pas ici de clabauder sur moi-même et sur mes amis ; je n'ai pas le goût des potinages.

Les autobiographes contemporains ont moins de scrupules : Annie Ernaux ou Hervé Guibert n'ont pas hésité à régler leurs comptes avec leurs parents alors que ces derniers étaient encore vivants ! D'autres écrivains, de plus en plus nombreux, font de leur vie la matière même de leur œuvre. Celle-ci n'est désignée ni comme roman ni comme autobiographie, bien que le narrateur-personnage principal soit clairement identifié à l'auteur. C'est le cas de Marguerite Duras, mais aussi, sans doute, de Christine Angot.

Claude Simon, pour sa part, a toujours revendiqué le caractère autobiographique de son œuvre. Mais s'il hésite entre le « je » et le « il » dans *La Route des Flandres* (1960), il finit par adopter la troisième personne du singulier à partir des *Géorgiques* (1981) qui constituent pourtant un pas important dans l'abandon de la fiction. En outre, remarque Dominique Viart, Simon authentifie son récit le plus autobiographique par des citations tirées de ses textes les plus fictionnels !

Un autre écrivain du Nouveau Roman[1], Alain Robbe-Grillet, publiera en 1984, à la surprise générale, une autobiographie intitulée *Le miroir qui revient* (Minuit) :

> [...] J'éprouve aujourd'hui un certain plaisir à utiliser la forme traditionnelle de l'autobiographie : cette facilité dont parle Stendhal

1. Dans les années 50, quelques écrivains dits du « Nouveau Roman » – Butor, Robbe-Grillet, Sarraute, Simon – ont été réunis par un même souci de s'opposer au roman traditionnel du XIXe siècle en remettant en cause les notions de personnage et d'intrigue.

dans *ses Souvenirs d'égotisme* comparée à la résistance du matériau qui caractérise toute création.

Quant à Nathalie Sarraute, elle a déclaré à un journaliste à propos d'*Enfance*: « Il ne s'agit pas d'une autobiographie. Ce n'est pas un rapport sur ma vie. Le souvenir, lorsqu'il n'est pas repris dans le travail, est tellement grossier! » En fait, le point commun entre ces écrivains, c'est que leur vie ne les intéresse que dans la mesure où elle sert leur écriture. Et leurs œuvres se situent souvent en marge de l'autobiographie canonique.

EN MARGE DU PACTE AUTOBIOGRAPHIQUE

Le roman autobiographique

Au cours des deux siècles derniers, des œuvres comme *Adolphe* (1806) de Benjamin Constant, *René* (1802) de Chateaubriand ou *Dominique* (1863) de Fromentin sont passées du statut d'autobiographies à celui de romans autobiographiques. Dans ces ouvrages, le procédé narratif – repris par Gide dans *L'Immoraliste* – est le suivant: un premier narrateur raconte comment un personnage lui a confié l'histoire de sa vie; il laisse alors la parole à ce personnage qui devient le narrateur de toute l'histoire. De plus, la vie de ce personnage présente de nombreux points communs avec celle de l'auteur signataire du livre.

Comment le lecteur va-t-il alors distinguer l'autobiographie du roman autobiographique, qui semblent si proches tant au point de vue de la forme que du contenu? Dans *L'Autobiographie en France*, Lejeune affirmait que si l'on restait « sur le plan de l'analyse interne du texte », il n'y avait « aucune différence » puisque « tous les procédés que l'autobiographie emploie pour nous convaincre de l'authenticité de son récit, le roman peut les imiter et les a souvent imités ».

Mais *Le Pacte autobiographique* revient sur cette affirmation en fournissant un critère de discrimination nécessaire et suffisant : si l'on englobe dans le texte le nom de l'auteur, « on dispose d'un critère textuel général, l'identité du *nom* (auteur-narrateur-personnage) ». Le « pacte autobiographique » affirme cette identité en renvoyant au nom de l'auteur sur la couverture. En décidant de donner à son personnage un autre nom que lui – Benjamin Constant baptise son personnage Adolphe, Eugène Fromentin appelle le sien Dominique –, l'auteur propose un « pacte romanesque » qui annonce une fiction.

L'autofiction

C'est le critique et romancier Serge Doubrovsky qui a inventé ce terme en 1977 lorsqu'en publiant son autobiographie intitulée *Fils* (Galilée), il lui a donné comme sous-titre « roman ». En voulant déjouer l'étude de Lejeune et les définitions préconçues, Doubrovsky annonce ainsi son projet dans le prière d'insérer :

> Autobiographie ? Non, c'est un privilège réservé aux importants de ce monde, au soir de leur vie, et dans un beau style. Fiction, d'événements et de faits strictement réels ; si l'on veut, autofiction, d'avoir confié le langage d'une aventure à l'aventure du langage…

Ce néologisme d'autofiction a rencontré un large succès et peut s'appliquer à de nombreux ouvrages. Il faut rappeler ici la phrase – reproduite de façon manuscrite – que Barthes place en exergue à son « autoportrait » *Roland Barthes par Roland Barthes* : « Tout ceci doit être considéré comme dit par un personnage de roman. »

L'autofiction ne s'oppose plus maintenant à l'autobiographie, mais en devient, sinon un synonyme, du moins une variante. Comme le dit Doubrovsky : « La fiction serait donc ici une ruse du récit. » Genette évoque dans *Fiction et Diction* (Seuil) ces « fausses autofictions, qui ne sont " fiction " que pour la douane : autrement dit, autobiographies honteuses ». Les « vraies » autofictions pour Genette seraient *La Divine Comédie* de Dante ou *L'Aleph* de Borges, car il pose comme principe que l'identité narrative repose sur « l'adhésion sérieuse d'un auteur à un récit dont il assume la véracité ».

À l'opposé de cette définition minimaliste de Genette, Vincent Colonna étend au maximum le champ de l'autofiction en y incluant Céline et Proust. Il met l'accent sur *l'invention* d'une personnalité et d'une existence et une « fictionnalisation de la substance même de l'expérience ». Entre ces deux extrêmes, on peut donner le statut d'autofiction à toute une série de textes qui pratiquent le double jeu du roman et de l'autobiographie.

Par exemple, Patrick Modiano, évoque pour son « roman » *De si braves garçons* (Gallimard) un « narrateur qui est peut-être Modiano lui-même ».

Georges Perec, dans *W ou le souvenir d'enfance* (1975), sous-titré « récit », fait alterner deux récits, l'un fictif (celui de la cité olympique de W, allégorie du nazisme), l'autre non fictif (son enfance pendant la guerre). En révolutionnant le genre, Perec met en évidence « ce qu'il y a d'imaginaire dans tout discours autobiographique » (Lejeune).

Céline, après son roman inaugural, nourri de sa propre expérience, *Voyage au bout de la nuit* (1932), publia *D'un château l'autre* (1941) dont le prière d'insérer disait : « Mais il s'agit bien d'un roman autant que d'une confession. Sigmaringen devient ici un conte de fées et de sorcières. » Antoine Blondin, à propos de son récit autobiographique *Monsieur Jadis ou l'école du soir (1970)*, notait dans un carnet : « Les personnages de cette histoire ont réellement existé : toute ressemblance avec des héros de roman imaginaires serait purement fortuite. »

La poésie et l'essai philosophique

Dans « Le Pacte autobiographique (bis) » (*Poétique*, 1981), Lejeune admet qu'il existe – même si elles sont rares – des autobiographies en vers. Il pose toutefois la différence entre un « je » nettement autobiographique, gagé sur le nom propre de l'auteur, et le « je » lyrique traditionnel, qui reste impersonnel.

Le cas de **Victor Hugo** est particulièrement exemplaire car, dans sa « Préface » des *Contemplations* (1856), il prétend appeler ce recueil de poésies « Les Mémoires d'une âme » :

> C'est l'existence humaine sortant de l'énigme du berceau et aboutissant à l'énigme du cercueil. [...] Cela commence par un sourire, continue par un sanglot, et finit par un bruit du clairon de l'abîme.

Ainsi, chaque poème représente un épisode de la vie du poète ; le plus connu est sans doute « Demain dès l'aube... », évoquant la mort de sa fille Léopoldine âgée de dix-neuf ans. Ici, le « je » lyrique et le « je » autobiographique sont intimement liés.

Raymond Queneau propose dans *Chêne et Chien* (Gallimard) une étrange et très drôle autobiographie poétique, qu'il sous-titre « roman en vers ». En voici le début :

> Je naquis au Havre un vingt-et-un février
> en mille neuf cent et trois.
> Ma mère était mercière et mon père mercier :
> ils trépignaient de joie.

Le *Discours de la méthode* ou *Les Méditations métaphysiques* de **Descartes** prennent la forme d'une narration à la première personne. Mais plus que l'histoire de sa personnalité, le philosophe expose l'acquisition d'un savoir théorique. Le « je » du « je pense, donc je suis » doit être entendu, écrit Michel Beaujour dans *Miroirs d'encre* (Seuil), comme « un médiateur vers une rationalité à portée universelle ». Dans ce sens, il se rapprocherait de l'impersonnalité du « je » lyrique.

Breton et Perec : les jeux du « moi»

L'écrivain surréaliste **André Breton**, dans un passage de *Nadja* (1928), définit ainsi la singularité de son « aventure » :

> Je n'ai dessein de relater, en marge du récit qu'il me reste à entreprendre, que les épisodes les plus marquants de ma vie *telle que je peux la concevoir en dehors de son plan organique*, et dans la mesure où elle est livrée aux hasards.

Ni fiction, ni autobiographie, *Nadja* - qui commence par l'interrogation « qui suis-je ? » - serait un récit de la « vraie » vie. Mais les récits de Breton sont avant tout *poétiques* puisque, la poésie émane davantage de la vie d'un homme que des textes qu'il écrit.

Georges Perec publie en 1978 un ouvrage qui obtient un grand succès populaire : *Je me souviens*. Dans un « Post-scriptum », l'auteur définit ainsi cette nouvelle tentative autobiographique[1] :

> Le principe en est simple : tenter de retrouver un souvenir presque oublié, inessentiel, banal, commun, sinon à tous, du moins à beaucoup.

Les 480 entrées numérotées qui composent l'ouvrage commencent toutes par « Je me souviens... » ; elles sont brèves et exemptes de commentaire. On y trouve peu de souvenirs personnels (« Je me souviens avoir gagné un tournoi de canasta », n° 437), mais plutôt ceux que partage la génération des années 1945-1950, qui a connu les mêmes « choses communes » : des slogans publicitaires (« La pile Wonder ne s'use que si l'on s'en sert »), des jeux à la mode (le houla-hoop), des chansons, des objets de la vie quotidienne (« Je me souviens des troisièmes classes dans les chemins de fer »)... Forme non littéraire d'une autobiographie très communautaire...

L'AUTOBIOGRAPHIE ET LES MÉDIAS

En 1986, Lejeune déclarait dans *Je est un autre* (Seuil) : « Je me suis démocratisé : c'est la vie de tout le monde qui m'intéresse, et les formes les plus élémentaires, mais aussi les plus répandues du discours et de l'écriture autobiographique... J'ai été frappé par les différences qui existent entre l'écrit et l'oral, et par l'importance des médias. »

En 1996 (dans *Postface au pacte autobiographique,* Seuil), il va plus loin encore dans cette ouverture hors du champ littéraire : « L'autobiographie est donc, du moins dans nos sociétés modernes, un fait anthropologique général. Son étude ou son exploitation dépasse le cadre des études littéraires. »

---

1. L'œuvre autobiographique dont nous avons déjà parlé, dans la partie consacrée à l'autofiction, est *W ou le souvenir d'enfance*, page 86.

Le récit du vécu

En citant *L'Herbe bleue*, journal d'une jeune droguée, *Moi, une infirmière*, de Ségolène Lefébure ou, le premier du genre, *Papillon* autobiographie d'un ancien forçat et de ses évasions rocambolesques, Lejeune prend soin de préciser que ces livres ne sont pas « de la littérature ». En effet, ce sont surtout des témoignages, parfois des dénonciations, qui se présentent d'abord comme des histoires « vraies » destinées à « créer le maximum d'identification » chez telle ou telle catégorie de lecteurs.

Classés dans des collections spécifiques par les éditeurs (« Vécu », « Témoignages », « Documents », etc.), ces textes passionnent un public curieux et friand de révélations, car ils se présentent comme un reflet direct du monde « réel ». Leurs qualités d'écriture ne sont donc pas prises en compte. Il faudrait aussi mentionner ici les livres publiés « à compte d'auteur » [1] par l'éditeur La Pensée Universelle. Ces autobiographies restées dans l'ombre font maintenant l'objet d'études universitaires.

Médias et nouvelles technologies

Pour Elizabeth W. Bruss il n'existe pas de véritable équivalent de l'autobiographie au **cinéma.** En effet, au cinéma, le moi de l'autobiographe se scinde en deux éléments pratiquement irréconciliables qui sont la personne filmée (que l'on voit sur l'écran) et la personne filmant (derrière la caméra). Il n'empêche que de Cocteau à Woody Allen, en passant par Fellini et François Truffaut, de nombreux réalisateurs ont tenté, souvent avec succès, de se raconter sur la pellicule. *Les 400 coups* de Truffaut rapportent des épisodes douloureux de l'enfance du réalisateur; Fellini évoque son enfance dans *Amarcord*.

À la **télévision** ce sont les « anonymes » qui ont le plus de succès lorsqu'ils viennent raconter leur vie chez Mireille Dumas ou Jean-Luc

1. Lorsqu'on est publié « à compte d'auteur », cela signifie que l'on a payé l'éditeur pour imprimer le livre (et, éventuellement, le diffuser).

Delarue. Mais si le cinéma et la télévision, en conjuguant l'image et le son, semblent plus aptes à restituer le récit d'une vie, c'est peut-être la **photographie** qui est la plus proche de l'autobiographie, car elle lui est souvent associée. Dans *Roland Barthes par Roland Barthes*, l'auteur fait précéder son texte d'une série de photos type « album de famille », qu'il commente en s'y révélant beaucoup plus que dans le texte qui suit. N'oublions pas non plus que les ouvrages autobiographiques exhibent presque toujours, sur leur page de couverture, une photo de l'auteur, de préférence enfant.

La **bande dessinée** peut aussi servir de support à l'autobiographie. Une œuvre récente en est la preuve : *Ma vie, mon œuvre, mon cul*, du dessinateur Siné. Elle est publiée trimestriellement en albums où, avec des dessins et des textes – manuscrits –, l'auteur fait un récit chronologique de sa propre vie.

La **chanson**, comme la poésie, est un support plus ambigu, car le « je » est souvent une convention propre au genre. Mais comment ne pas entendre dans les chansons de Piaf, Barbara, Gainsbourg et Manu Chao des accents personnels qui ont aussi contribué à leur succès ? Dans un autre registre, des chanteurs de rap, comme EMINEM dans *The Marshall Mathers*, construisent leur musique autour de leur vécu personnel.

Dans le domaine de l'**informatique**, enfin, il faut signaler l'apparition récente – et en continuelle expansion – de la « Home Page ». Il s'agit d'une page personnelle que tout abonné à Internet peut créer sur le site de son fournisseur d'accès. Souvent inventives, ces « pages » suivent toutefois un schéma classique du style « ma photo, ma maison, mes parents, mon chien ».

CINQUIÈME PARTIE

La biographie

1 Qu'est-ce qu'une biographie ?

La biographie est un genre problématique : à mi-chemin entre l'histoire, vouée à la collectivité, et la création romanesque, vouée à la singularité, la biographie est, comme le constate Philippe Lejeune, « un des genres les plus pratiqués et les moins étudiés ». La biographie peut en effet être rangée dans la catégorie des discours « naturels », dont la pratique semble aller de soi, et dont l'étude n'est jamais sérieusement envisagée.

LA BIOGRAPHHIE : DÉFINITIONS

Le mot « biographie » vient du grec *bio*, vie et *graphein*, écrire, et signifie donc littéralement : écriture d'une vie. Le mot et ses dérivés (biographe, biographier, biographique) n'apparaissent en France qu'aux XVIIIe et XIXe siècles, et servent à distinguer le genre des anciennes formes de l'éloquence sacrée ou officielle, comme le panégyrique, l'éloge ou l'oraison funèbre.

Des termes plus savants concurrencent celui de biographie en insistant sur la spécificité du sujet biographié : l'hagiographie raconte la vie des saints. Les méthodes utilisées sont également diverses : ethnobiographie, psychobiographie. Mais ce sont les formes composites qui sont les plus nombreuses : le personnage évoqué devient représentatif d'un ensemble (*Mistral, Provençal*) ou d'un type idéal de personnage (*Delacroix, ou la destinée de l'artiste*). Ces formes composites peuvent aussi mettre l'accent sur un aspect particulier de la vie racontée, comme *Amoureuse Colette*, de G. Dorman ou la récente biographie de l'acteur Alain Delon, qui tenta d'en empêcher la publication : *Les mystères Delon*, de B. Violet.

Au vu de cette grande diversité, le terme de « biographie » relève plus d'une convention qu'il ne désigne un genre bien défini. Il est ainsi utilisé dans l'édition pour désigner une collection (en librairie, les biographies sont rangées dans des rayons spéciaux et par ordre alphabétique du « biographié »), par la critique littéraire (il s'agit, bien sûr, de biographies d'écrivains qui scindent souvent l'étude en « vie » et « œuvres ») et dans le milieu du journalisme, où le diminutif « bio » tend à s'imposer.

LES DIFFÉRENTS TYPES DE BIOGRAPHIES

Lejeune distingue dans *Je est un autre* (Seuil) trois types de textes biographiques, selon leur finalité et leur degré d'élaboration :

• **L'article de dictionnaire biographique** : bref résumé de la vie d'une personne célèbre, dates et œuvres à l'appui. On en trouve des exemples dans *Le Robert des Noms propres* ou dans la deuxième partie du *Petit Larousse*.

• **La monographie de circonstance** : il s'agit souvent d'éloges funèbres ou liés à une circonstance particulière ; comme les précédents, ces textes sont brefs (articles presse écrite).

• **La biographie littéraire ou scientifique** : ces ouvrages, plus importants, ont une prétention narrative et une visée historique ; ils font appel à une documentation sérieuse. C'est ce dernier type de textes que nous étudierons ici plus particulièrement.

Lejeune distingue également, selon un point de vue strictement littéraire, trois catégories de biographies :

• **La « biographie pure »** : le narrateur n'a pas connu son modèle et vise à donner une image complète de son existence à partir de documents ou de témoignages ; ce sera le cas d'une vie de Jeanne d'Arc, ou d'Arthur Rimbaud.

• **Le témoignage avec prétention à la biographie** : dans ce cas, le narrateur a connu – ou connaît – son modèle ; tout en fournissant un témoignage qui pourra être utilisé par un futur biographe, il tente aussi, à l'aide des documents qu'il possède, comme par exemple une correspondance, de construire une biographie. On peut citer ici certains biographies de Sartre ou de Malraux.

• **Le témoignage pur** : le narrateur connaît son modèle, a partagé ou connu personnellement des moments de sa vie : ce sont en général les enfants, amis, ou compagnons ; c'est le cas de *Près de Colette,* ouvrage écrit par le troisième mari de l'écrivain, Maurice Goudeket, souvent cité dans les biographies de Colette.

HISTORIQUE DU GENRE BIOGRAPHIQUE

On peut établir une perspective historique du genre biographique : la façon de considérer la vie d'un homme et la manière d'en rendre compte par une narration ont largement évolué au cours des siècles, en fonction des mentalités, cultures et contraintes stylistiques auxquelles étaient soumis les auteurs.

La biographie « classique »

Ce type de biographies que l'on trouve de l'Antiquité au XVIIIe siècle, met l'accent sur le caractère politique, moral ou religieux du modèle plus que sur la personne singulière, et ce même si les informations sont éclairées par des anecdotes.

Les exemples les plus célèbres venus de l'Antiquité sont *Les vies des hommes illustres* de Plutarque, et les *Vies des douze Césars* de Suétone. Au Moyen Âge, ce sont les vies de saints qui prolifèrent (hagiographies) ; mais, à la Renaissance, un auteur comme Boccace va, avec sa *Vie de Dante*, se rapprocher d'une conception moderne de la biographie fondée sur le document authentique. Au XVIIe siècle, l'oraison funèbre sélectionne les moments les plus glorieux de la vie du biographié, en passant sur ses défauts, comme le fait Bossuet dans son *Oraison funèbre du Prince de Condé*. Au XVIIIe siècle, il faut signaler *Les éloges des Académiciens* de Fontenelle.

La biographie « romantique »

Elle veut présenter la totalité de l'homme et de son intimité. Son modèle sera *Les Confessions* de Jean-Jacques Rousseau, texte autobiographique car il met l'accent sur l'importance de l'enfance et sur la place centrale de l'individu. La biographie romantique est également marquée par le scientisme qui reconnaît l'importance des documents et des « preuves ».

Dans les *Portraits contemporains*, écrits entre 1829 et 1849, Sainte-Beuve mêle ainsi la « vie » à des analyses littéraires. Il écrit à propos de la romancière Mme de Staël :

> C'est cette vie une et variée, émanation de l'âme à travers les écrits [...], que nous voudrions essayer d'évoquer, de concentrer par endroits, pour rendre aux autres l'impression sensible que nous nous en sommes formés.

La biographie « moderne »

Elle naît de la découverte en 1900, par Freud, des mécanismes psychiques et du rôle des pulsions inconscientes, ainsi que du progrès des techniques en ce qui concerne l'analyse des documents authentiques. Ces novateurs, qui s'attachent à l'exploration de l'enfance et de l'inconscient, pensent qu'il vaut mieux commettre des erreurs en interprétant la vie intérieure, que commettre l'erreur infiniment plus grande d'ignorer son existence et sa signification.

Il n'empêche qu'un grand biographe comme André Maurois (*Ariel ou la vie de Shelley*, 1923 ; *Byron*, 1930 ; *Chateaubriand*, 1938 ; *Prométhée ou la vie de Balzac*, 1965) reste fidèle à une psychologie classique. Mais, à sa suite, le genre va connaître un succès populaire encore d'actualité. En ce qui concerne les biographies d'écrivains, dans lesquelles une grande place est accordée à l'activité créatrice, nous les étudierons plus loin car elles se prêtent à des rapprochements avec la critique littéraire (→ p. 105-106).

2 Écrire une biographie

« Qui biographie qui ? » C'est la question que pose Roger Dadoun, auteur d'une biographie de W. Reich (1999). Cette interrogation porte sur les deux personnages, le biographe et le biographié, nécessaires et suffisants à toute biographie. On peut donc définir ce genre littéraire particulier comme étant l'écriture du rapport complexe et singulier qu'entretiennent un *biographe* et son *sujet*.

LA RELATION BIOGRAPHIQUE

Les biographes

Ce sont la plupart du temps des écrivains et des journalistes (mais l'un n'exclut pas l'autre). Certains sont même spécialistes du genre, et leurs volumineux ouvrages visent un large public, souvent parce qu'ils choisissent de raconter la vie de personnalités célèbres : hommes politiques, artistes à succès, grands de ce monde... Parfois, ce sont des révélations sur la vie du personnage, sa mort récente ou annoncée qui suscitent la publication. On pense par exemple aux innombrables « vies » de la princesse Diana d'Angleterre après son tragique accident en 1997. À l'opposé – ou presque – les universitaires s'intéresseront plus particulièrement à des écrivains, inconnus ou méconnus, dont ils pourront ainsi donner un éclairage original et nouveau.

Les modèles

En fait, le genre biographique est une sorte de fourre-tout et les biographes racontent l'histoire de personnes intéressantes à des titres divers : ce sont des héros (Lawrence d'Arabie) ou des personnes ordinaires (un rescapé de l'Holocauste), des monstres (Gilles de Rais) ou des saints (Mère Teresa de Calcutta), des artistes reconnus de leur vivant (Picasso) ou maudits (Rimbaud), des bourreaux (Klaus Barbie) ou des victimes (Jean Moulin), des sportifs (Zidane), des acteurs de cinéma (Depardieu), des escrocs (Stavisky).

Une place à part devrait être faite aux biographies de femmes par des femmes. Citons, dans ces dix dernières années, les deux biographies de Simone de Beauvoir par les Françaises C. Francis et F. Gontier, et par l'Américaine Deirdre Bair ; ou F. Giroud qui raconte la vie de Marie Curie (*Une femme honorable*) ou de la femme de Marx (*La Femme du diable*). Ou encore l'histoire de Camille Claudel (*Une femme*) par Anne Delbée, celle de Coco Chanel par Edmonde Charles-Roux (*L'irrégulière*), et, dernière en date, Hillary Clinton racontée par Christine Ockrent (*La double vie d'Hillary Clinton*).

Rappelons enfin que certains biographes-écrivains ont eu aussi droit à leur biographie, comme Stendhal, Sartre ou Barthes.

Une relation particulière

Le lien qui unit le biographe et son sujet est visible dès le titre de l'ouvrage : c'est en principe le nom du biographié qui a droit aux plus gros caractères, mais le nom du biographe est généralement placé tout près de son sujet.

Cette « relation biographique » est compliquée, forte, parfois perverse. Le biographe peut représenter son sujet comme un modèle ou un idéal à atteindre ; il tend alors à s'identifier à lui. Mauriac dédicaça ainsi sa *Vie de Racine* :

> À Monsieur l'abbé J.-P. Altermann, j'offre cette vie de François Mauriac, qu'il déchiffrera entre les lignes.

Par ailleurs, le biographe peut valoriser son sujet jusqu'aux limites de l'hagiographie[1]. On est parfois proche du culte de la personnalité et de l'idéalisation. Beaucoup de biographies de chefs révolutionnaires, comme Che Guevara par exemple, n'échappent pas à ce processus d'idéalisation.

Le biographe est en fait pris dans deux contradictions : son désir d'être objectif, documentation à l'appui, et son inévitable partialité. Par exemple, Colette est un modèle d'amour et de vénération filiale pour la plupart de ses biographes, sauf pour Michel del Castillo dont la biographie – *Colette, une certaine France* (Stock) – est fortement influencée par son amitié avec la fille de l'écrivain, toute pleine d'amertume à l'égard de sa mère.

D'autre part, le biographe veut parfois tout dire alors que sa documentation présente d'inévitables lacunes. Comment tout savoir d'une vie, d'une personne? Mais cette incapacité à « tout » dire de la biographie, à dire « toute » la vérité, n'est pas toujours un défaut. On pense à ce que certains critiques considèrent comme la plus belle biographie de Proust - *Monsieur Proust*, 1973 -, celle qu'écrivit sa femme de chambre, Céleste Albaret, qui vécut dans l'intimité de l'écrivain durant ses dernières années. Or, si criante de vérité que soit cette biographie, elle nie un fait majeur dans la vie de Proust: son homosexualité.

Quant à Jean Chalon, qui vient de publier en 2001 *Journal d'un biographe* (1984-1997), après avoir écrit les vies de Colette, Thérèse de Lisieux, George Sand, et d'autres encore, il avoue avoir souvent mené « une double vie », la sienne et celle de son personnage, et il commente: « C'est épuisant! »

L'ÉCRITURE BIOGRAPHIQUE

Cette règle de l'exhaustivité conduit à d'énormes biographies : *Albert Camus* de Lottman fait près de 700 pages; *Simone de*

1. Ce terme désigne une biographie excessivement élogieuse ; le genre de l'hagiographie traite originellement de la vie des saints.

Beauvoir de Deirdre Bair, 834 pages; le *Freud* d'E. Jones est composé de trois volumes. On a tendance à les qualifier de « biographies à l'américaine ». Ceci est notamment frappant lorsqu'il s'agit de sujets littéraires, qui réclament pourtant moins de documentation que les personnages historiques. A l'inverse, les biographies plus brèves se présentent plutôt comme des essais et sont traitées comme des œuvres littéraires à part entière ; citons, par exemple, *Dante, une vie* (1995), de Jacqueline Risset. (→ p. 145)

Le « je » du biographe

Le biographe peut intervenir comme narrateur dans son récit pour commenter les moments de la vie de son sujet ou pour préciser ses sources d'information. Bien sûr, si le narrateur est un témoin direct, qui a connu le personnage dont il parle, le « je » sera plus fréquent. Ce « je » peut être aussi un « nous ». Philippe Lejeune distingue quatre catégories de « je » du narrateur :

- **Le « je » rhétorique** : il établit l'illusion d'une communication entre le narrateur et son narrataire, c'est-à-dire celui à qui l'on raconte l'histoire, le lecteur : « Je n'ai pas besoin de dire quel accueil fit le gouverneur à la femme de celui auquel il devait son gouvernement. » (*Victor Hugo raconté par un témoin de sa vie*)
- **Le « je » de régie** : d'emploi très classique, il sert à commenter l'organisation du texte ou renvoie à des passages antérieurs : « C'est pendant qu'il faisait la musique du premier de ses opéras qu'il commença à avoir, au milieu de son travail, ces moments d'évanouissement dont nous avons parlé. » (Stendhal, *Vie de Mozart*)
- **Le « je » du biographe archiviste** : il sert à appuyer le récit en citant les sources d'information : « Je copie ces passages de lettres écrites par les deux frères à leur mère. » (*Victor Hugo raconté par un témoin de sa vie*)
- **Le « je » du biographe interviewer** : le narrateur authentifie son récit en montrant qu'il a connu son modèle :

> *Nous* : Vous êtes passionnée, extrémiste ?
> *S. de B.* : Oui, depuis ma plus petite enfance.
> (C. Francis et F. Gontier, *Simone de Beauvoir*, Perrin)

Précisons que, dans la plupart des biographies, c'est la troisième personne qui domine. Le narrateur-biographe s'efface derrière le personnage dont il relate la vie : « En 1926, Colette déménage deux fois. Au début de juillet, elle achète la maison de Saint-Tropez. » (C. Pichois, A. Brunet, *Colette,* Éditions de Fallois)

Des techniques romanesques

Le biographe doit puiser la plus grande partie de son information dans les déclarations de l'intéressé lui-même. Il va donc devoir transposer « à la troisième personne » le récit de son modèle. Cela devient évident lorsque ce dernier a tenu son journal (Gide) ou écrit son autobiographie (Simone de Beauvoir). L'écriture des biographies fait donc souvent alterner la citation avec la transposition. De la même façon, le biographe fait alterner récit - il raconte, décrit - et discours - il commente. Mais on est déjà ici dans une technique romanesque qui se fonde sur deux procédés :

• **La figuration réaliste** : importance des données référentielles, comme l'histoire, la géographie, la documentation, la prise en charge des témoignages.

• **La figuration mythique :** le personnage biographié – que ce soit Marilyn Monroe, Victor Hugo, Modigliani ou Jeanne d'Arc – peut devenir un mythe, la figure de l'artiste maudit ou du héros. Le but de la biographie est alors de faire d'une vie une œuvre d'art.

La biographie emprunte au roman des procédés qui rendent la narration efficace : subordination des détails et des épisodes à une impression d'ensemble, variété stylistique, recherche du pittoresque et de l'expressivité. Citons à ce sujet *Le roman de Monsieur Molière*, de Boulgakov, récit plein de verve et d'originalité dont s'est inspirée Ariane Mnouchkine pour réaliser son grand film sur Molière.

Le traitement du temps

Un autre problème qui se pose au biographe est celui du traitement du temps. Presque toujours l'auteur choisit de suivre la chronologie : la naissance et la mort sont en effet deux moments « topiques » (des sortes de « passages obligés », des lieux communs) dans la biographie, avec la généalogie - les parents, le milieu natal -, l'enfance, les amours et les hauts faits – œuvres ou combats. Mais il est parfois difficile de rester dans un ordre chronologique strict et certains thèmes, historiques ou ayant trait aux œuvres de l'écrivain, peuvent venir s'inscrire dans la trame du récit.

Lorsqu'il s'agit de rendre compte de la vie d'un écrivain, certains biographes construisent leur récit comme un essai formé de fragments; c'est le cas de Roland Barthes pour son ouvrage *Sade, Fourier, Loyola*. Sartre, de son côté, tente d'élaborer un cheminement qui serait selon lui propre à la connaissance d'un individu par un individu. Dans ses biographies de Genet (*Saint-Genet comédien et martyr,* 1952) et de Flaubert (*L'idiot de la famille,* 1971-1972), il part de l'actuel pour remonter dans le passé.

Ces diversités d'écriture correspondent à des choix esthétiques et éthiques, et font que plusieurs biographies d'une même personne peuvent être radicalement différentes. Plusieurs textes relatant la vie et les derniers jours du philosophe allemand Emmanuel Kant (1724-1804) ont été réunis à la fin du volume *Entretiens sur la biographie* (Carnets Séguier). Comparons ces trois extraits:

> La vie de notre Kant, qui atteignit quatre-vingts ans, s'acheva le 12 février 1804 après une longue période de faiblesse physique et intellectuelle. (L.E. Borowski)
> La mort de Kant était un arrêt de la vie et non un acte brutal de la nature. Au même instant la pendule sonna onze heures. Tous les assistants essayèrent, en vain, de trouver encore un signe de vie, mais tout indiquait la mort du philosophe. (E.A.Ch. Wasiarski)
> Enfin, Kant mourut aussi paisiblement que possible, le 12 février 1804, à midi, sans aucune convulsion ni aucun signe d'une séparation violente de l'âme et du corps [...]. (R.B. Jachman)

Ces trois courts passages montrent comment chaque narrateur cherche à restituer non pas la réalité brutale et douloureuse de l'événement de façon véridique (l'heure du décès diffère d'un texte à l'autre!), mais sa propre vision de la mort (« arrêt de la vie », « séparation de l'âme et du corps ») et son rapport avec le mourant (« notre Kant », « le philosophe »).

3 Frontières et limites de la biographie

BIOGRAPHIE ET AUTOBIOGRAPHIE

Ces deux genres utilisent les mêmes techniques rhétoriques et romanesques pour présenter la vie d'une personne existant ou ayant existé. Les frontières entre ces deux genres deviennent encore plus floues lorsque le narrateur autobiographique utilise la troisième personne, racontant sa vie comme s'il s'agissait d'un personnage qui lui serait et extérieur. C'est le cas de l'empereur César dans ses *Commentaires*, d'Agrippa d'Aubigné dans *Sa vie à ses enfants* ou de Stendhal dans *La Vie d'Henry Brulard*.

À l'inverse, certaines biographies sont écrites à la première personne – comme une autobiographie – pour favoriser la communication et l'identification avec le narrateur. C'est le cas de *Fils du peuple* (1937), une autobiographie de Maurice Thorez qui a été écrite par un comité d'écrivains proches du Secrétaire général du Parti Communiste Français.

Par ailleurs, on pourrait établir une distinction rigoureuse en affirmant que biographie et autobiographie diffèrent sur un plan: dans l'autobiographie, le narrateur raconte lui-même sa propre vie; dans la biographie, en revanche, le narrateur, qu'il ait connu ou non son modèle, raconte la vie de celui-ci. Or, nous avons vu plus haut (→ p. 99) les emplois particuliers du « je » par le narrateur-biographe, et nous savons aussi comment le biographe intègre à son récit des déclarations de l'intéressé lui-même, parfois prises dans sa correspondance ou son autobiographie.

Effectivement, le biographe a tendance à se projeter dans son modèle et à s'y retrouver. C'est Jean Lacouture – auteur de *François Mauriac* (Seuil, 1980) – qui déclare:

> Tout portrait qu'on peint avec âme est un portrait non du modèle mais de l'artiste. Le modèle n'est qu'un hasard et un prétexte.

Et l'essayiste P. M. Kendall confirme :

> Sur la piste d'un autre homme, le biographe doit se résigner à se trouver lui-même à chaque tournant : toute biographie abrite avec gêne une autobiographie en son sein.

De son côté, Olivier Todd propose, avec *Un fils rebelle* (Gallimard 1981), un autoportrait « biographié », puisque le « père » dont il raconte la vie est Sartre ! L'auteur s'explique ainsi :

> Devant Sartre, vivant ou mort, statufié par ses dévots ou lapidé par des cagots, je n'ai aucun droit à revendiquer, aucun devoir à remplir. Quelques comptes à régler, peut-être, et, sans doute, plus avec moi-même ou avec l'époque qu'avec lui.

On pourrait aussi donner l'exemple des biographies écrites par Sartre, dont les critiques s'accordent à dire que ce sont des projections autobiographiques : il parasite Baudelaire, accapare Flaubert, vampirise Genet.

Philippe Lejeune consacre ainsi un chapitre de son essai *Je est un autre* (Seuil), intitulé « Biographie, témoignage, autobiographie : le cas de *Victor Hugo raconté* », à un ouvrage dont l'auteur resta longtemps méconnu : *Victor Hugo raconté par un témoin de sa vie* (1863). On sait maintenant que l'auteur-témoin-narrateur n'est autre que Adèle Hugo, la femme du poète, et qu'elle écrivit cette biographie du grand homme sous la surveillance de l'intéressé direct et de ses proches.

Pour Lejeune, ce texte constitue « un « cas » idéal pour observer les phénomènes d'interférence entre la biographie et l'autobiographie ». En effet, la narratrice prend soin de rester anonyme, de gommer sa présence de témoin et se soumet à un « véritable exercice de *traduction*, de passage d'une langue à une autre, d'un code à un autre code voisin », lorsqu'elle fait passer dans son texte des paroles ou des récits « à la première personne » prononcés ou écrits par Hugo lui-même. Mais on retrouve dans *Victor Hugo raconté* des schémas communs à la biographie et à l'autobiographie des grands hommes : la légende familiale ; le récit de vocation (comment on devient écrivain…) ; l'exemple (le personnage est présenté comme un héros) ; l'apologie (qui consiste à défendre, justifier et louer les actions du personnage) ; la petite histoire (qui sacralise les éléments les plus quotidiens ou anecdotiques).

BIOGRAPHIE ET HISTOIRE

Selon Madelénat (*La biographie*, PUF), « la biographie est une de ces formes [littéraires], vouée, dans le champ historique (l'ensemble des événements vrais connus par les sources), à un domaine déterminé : une vie individuelle (et non un État, des variations économiques, des mouvements démographiques) ».

Pendant longtemps, l'approche de l'histoire est très largement biographique. Le Tome VI de l'*Histoire de France* de Michelet, par exemple, contient une vie de Louis XI, et l'auteur extrait sa *Jeanne d'Arc* (1853) du Tome V. Mais, selon l'historien Paul Veyne (*Comment on écrit l'histoire*, Seuil), l'histoire « n'est pas un immense recueil de biographies ». Les finalités semblent en effet contradictoires puisque l'histoire tire « les vérités générales des vérités particulières » (Chateaubriand), alors que la biographie « voudrait ressusciter l'individu irremplaçable » (Aron). La biographie peut cependant fournir un accès intime et privilégié à l'histoire.

De fait, la parenté entre biographie et histoire semble plus étroite encore si l'on compare leurs méthodes qui visent à passer du document brut à la synthèse. Il s'agit dans les deux cas de trouver des documents, de choisir les plus crédibles, d'établir des liaisons causales, de formuler des théories ou des hypothèses. Et, contrairement à ce que l'on pourrait penser, ce ne sont pas les documents personnels du sujet biographié – carnets, journaux intimes, correspondance ou autobiographie – qui sont les plus fiables pour son biographe. *Les Confessions* de Rousseau montrent bien que ces textes se situent entre « poésie et vérité ».

Concluons en constatant que les biographies de personnages historiques - qu'ils soient pharaons, rois, empereurs, tsars ou dictateurs - ont toujours joui d'un grand succès public. En en faisant des emblèmes de leur époque, les biographes vulgarisent à leur profit une histoire rendue accessible à des lecteurs non spécialistes de cette discipline, mais aussi curieux de la « grande » que de la « petite » Histoire...

BIOGRAPHIE ET LITTÉRATURE

Lorsque le personnage biographié est un écrivain, la biographie a tendance à se rapprocher de l'essai critique : il s'agit pour le biographe de déchiffrer le mystère de la création. Un extrait de la *Vie de Disraeli* d'André Maurois illustre parfaitement ces approches :

> Chez un Marcel Proust, la vie n'est que l'occasion de l'œuvre ; chez un Disraeli, l'œuvre n'est que l'ornement de la vie. Le biographe prend donc le pas sur le critique. Attitude favorable à la biographie.

L'homme et son œuvre

C'est justement Marcel Proust, avec son *Contre Sainte-Beuve*, qui évoque le mieux l'hostilité de la critique littéraire au genre biographique. Pour l'auteur de *La Recherche*, en effet, la biographie est inadéquate pour connaître « l'autre moi » qu'est l'âme du poète, car « le moi de l'écrivain ne se montre que dans ses livres ».

J. Risset, dans *Entretiens sur la biographie* (Carnets Séguier), va dans le même sens en se demandant : « Comment peut-on prétendre atteindre l'essence d'un être créateur en le dépouillant purement et simplement de sa création ? » Pour mieux éclairer ce propos, elle prend comme exemple la première phrase de *La Recherche du temps perdu* de Proust : « Longtemps je me suis couché de bonne heure. » Et elle montre la distance « infranchissable » qui sépare cette phrase, dite par l'écrivain dans son œuvre, de celle que pourrait affirmer son biographe : « Longtemps il s'est couché de bonne heure. »

Pour M. Surya, - auteur de *Georges Bataille, la mort à l'œuvre,* 1992 -, dans la biographie c'est le réel qui se venge de la littérature, car « nombre d'écrivains ont fui leur vie dans l'écriture elle-même ».

Pour toutes ces raisons, le biographe serait tenté de renoncer à écrire la biographie d'un écrivain puisque, en somme, sa vie c'est son œuvre ou qu'en tout cas sa vie est déjà dans son œuvre. On peut tout de même penser que la vie d'un créateur mérite d'être contée, quitte à laisser aux critiques et aux universitaires l'élucidation des œuvres. En réalité, on constate que ce sont les solutions mixtes qui sont les plus répandues. En évitant le schématique « l'homme et l'œuvre », de nombreux biographes ont tenté de concilier biographie et essai critique. Valery Larbaud définit ainsi ce qu'il appelle la « biographie intellectuelle » :

> S'il est certain que l'écrivain, le poète, le penseur, ne sont pas ailleurs que dans leur œuvre, il est vrai aussi que, pour mieux comprendre cette œuvre, il n'est pas inutile de savoir comment elle a pu s'élaborer, se développer, et l'histoire d'un tel développement doit forcément se baser sur quelques données biographiques, telles que : études, lectures, séjours, voyages [...].

L'exemple de Sartre biographe

Sartre, quant à lui, a écrit ce qu'un critique appelle des « superbiographies » : ses études sur Flaubert et Genet sont en effet énormes. Le narrateur-psychologue y est omniprésent et omniscient : il manipule les temps, les thèmes et l'inconscient et explique le présent par le futur selon une méthode « progressive-régressive » : c'est la fin qui donne un sens au commencement. Mais il cerne aussi, en historien, l'esprit du temps, les enjeux idéologiques et les conflits éthiques.

Sartre n'hésitera pas pourtant à qualifier *L'idiot de la famille* de « roman vrai ». Sans doute parce que cette reconstitution d'une enfance, cette fiction, dit aussi une vérité, sur l'auteur et sur son modèle. N'oublions pas non plus que dans son roman *La Nausée*, Sartre a fait de son personnage-narrateur un biographe qui renoncera à écrire la vie du marquis de Rollebon, découragé par les contradictions des documents et tenté par l'imagination romanesque.

Biographie et roman

La frontière entre biographie et roman est, elle aussi, facile à franchir. Nous avons vu comment la biographie tend à utiliser les mêmes procédés d'écriture et de mise en scène que le roman. De son côté, le roman, à la recherche du vrai, intègre des éléments biographiques ou autobiographiques. Mais si l'apparence littéraire est semblable, la finalité des opérations diverge profondément, surtout pour le lecteur : ou bien il s'agit d'un personnage ayant réellement existé ou qui vit encore ; ou bien le personnage est totalement inventé par l'auteur. Dans le premier cas, la vérité est idéale ; dans le deuxième, elle est « factuelle » : le biographe, doit tenir compte des « faits » et ne peut inventer à sa guise.

Dans les « biographies romancées », la reconstitution d'états d'âme et la reconstruction romanesque l'emportent sur les faits attestés. Dans ce genre, fort apprécié du public, nous pouvons citer *L'Allée du Roi* (1981), de Françoise Chandernagor, qui donne libre cours à son imagination en évoquant l'enfance et la vie privée de Mme de Maintenon, qui fut la maîtresse puis l'épouse de Louis XIV. Rappelons que ce roman est écrit à la première personne, comme une autobiographie, et se rapproche du genre des mémoires apocryphes. Les *Mémoires imaginaires de Marilyn* (1982), écrits par son ex-mari Arthur Miller, se fondent sur des épisodes authentiques mais font la part belle aux émois sensuels « supposés » de la superbe actrice. Sur la même Marilyn Monroe, l'Américaine Joyce Carol Oates vient d'écrire une biographie romancée captivante intitulée *Blonde*.

Quant au romancier contemporain Emmanuel Carrère, il a tenté de reconstituer la vie et les pensées du criminel Jean-Claude Romand qui, le 9 janvier 1993, avait tué sa femme, ses enfants et ses parents après leur avoir menti pendant dix-huit ans. Ce roman-biographie, *L'Adversaire* (P.O.L.), fait en ce moment l'objet de deux adaptations cinématographiques.

LES LIMITES DU GENRE BIOGRAPHIQUE ET SON SUCCÈS

Les biographies illustrées

La gravure initiale d'un portrait dans les biographies des XVIIIe et XIXe siècles s'est multipliée à notre époque sous forme de **photographies**. Dans les biographies illustrées, le texte est souvent réduit à un commentaire. La forme extrême de ce type de récits en images (parfois très volumineux, comme ceux consacrés à la Callas ou à Françoise Sagan, pour ne citer qu'eux) réside dans les reportages d'hebdomadaires illustrés genre *Paris-Match,* consacrés essentiellement aux princesses et vedettes de cinéma.

La **bande dessinée**, qui ne dédaigne pas l'histoire, s'est aussi mise au service de la biographie pour raconter la vie de héros populaires tels Surcouf, Christophe Colomb ou... Jésus-Christ.

Le **cinéma**, enfin, prend souvent pour objet la vie d'un personnage historique. On ne compte pas moins de cinq films sur Jeanne d'Arc, le dernier de Luc Besson ayant étonné et parfois scandalisé par son interprétation « moderne » de la vie de la sainte. La vie de Jésus a inspiré de nombreux cinéastes, de Pasolini à Scorsese, la télévision ayant de plus dans ce cas relayé le cinéma. Le *Napoléon* d'Abel Gance (1927) reste un classique du genre par sa rigueur historique et sa qualité artistique. Et le *Molière* d'Ariane Mnouchkine, metteur en scène de théâtre, continue d'enchanter élèves et professeurs. Plus récemment, *Le Destin* (1997) de l'Égyptien Youssef Chahine a redonné vie, couleurs et musiques au philosophe arabe Averroès, qui vécut et enseigna à Cordoue au XIIe siècle.

Critiques et succès

Plusieurs critiques sont faites au genre biographique. Elles sont d'ordre philosophique (la biographie se complaît à l'anecdotique et à l'inessentiel), moral (la biographie ne recule pas devant l'indiscrétion et le dénigrement), épistémologique (il est impossible de représenter la vie d'une personne de façon objective), et littéraire (les biographies sont souvent longues et répétitives ; elles ne sont pas toujours écrites par de bons écrivains).

Au XXe siècle, Proust et Barthes ont dénoncé le « naturalisme » qui sous-tend tout récit biographique, et qui fait que nombre de biographies commencent par l'évocation de la maison familiale, des parents et même des grands-parents. Selon le préjugé naturaliste, il n'est pas d'effet sans cause, pas d'acte sans explication. Il s'agit là d'une idéologie déterministe où la causalité joue un rôle prépondérant. Or la biographie n'a pas de fondement scientifique: l'histoire nous apprend qu'on ne peut séparer faits et causes. Et le seul fait de privilégier l'enfance, le social ou le biologique, relève déjà d'une interprétation qui a parfois recours aux théories freudiennes ou marxistes pour se justifier.

On pourrait dire avec R. Dadoun que dans une biographie l'existence humaine « se compose en une forme en quelque façon parfaite, à l'image d'une utopie »: elle peut être quelque chose d'achevé, de complet, de fini. Le biographe, réalisant en cela le désir de tout être humain, transforme les hasards de l'existence en destin. Mais, comme l'a déclaré un critique anglais en 1918: « Nous ne nous apercevons pas qu'il est peut-être aussi difficile d'écrire une bonne vie que de bien vivre. »

Paradoxalement, la biographie, « genre mineur, confus et douteux », selon Daniel Madelénat (*La Biographie*, PUF), jouit depuis deux millénaires, en Occident, d'un succès toujours renouvelé. Les maisons d'éditions lui consacrent des collections et les biographies sont souvent en tête des succès de librairie. Cette vitalité témoigne de la fascination que peut exercer un être unique parmi des millions: Ramsès II ou Mozart, Che Guevara ou Flora Tristan... Autant d'existences singulières sublimées par le biographe et idéalisées par le lecteur en quête de modèles.

Laissons le dernier mot, plus optimiste, à Thomas Carlyle:

> La nature sociale de l'homme se montre, en dépit de tout ce qu'on peut dire, avec une abondante évidence par ce seul fait, n'y en eût-il aucun autre: l'inexprimable délectation qu'il trouve dans la biographie [...].

SIXIÈME PARTIE

Les récits de vie

1 Le récit de vie : un genre ambigu

L'ambiguïté du récit de vie tient au fait qu'il se situe entre la biographie et l'autobiographie. Il s'agit ici aussi de voir comment s'écrit l'existence d'une personne réelle.

CARACTÉRISTIQUES DU RÉCIT DE VIE

Un récit à deux

Le récit de vie est à la fois un genre littéraire nouveau et une méthode d'investigation en sciences sociales. Dans les deux cas, il s'agit d'un récit produit par deux personnes : la première raconte des épisodes de son existence à une deuxième personne qui va l'écrire. Il faut donc garder à l'esprit la différence existant entre l'histoire réelle de la personne qui se raconte et le récit qui en est fait.

Les récits de vie ne sont pas des autobiographies, puisque celui qui fait le récit de sa vie ne l'écrit pas. Ce ne sont pas non plus des biographies, car l'unique source de celui qui écrit est la parole de celui qui se raconte. Pour Lejeune, le genre « récit de vie » pose donc deux questions importantes. Qui est l'auteur et quel est le média : la parole et/ou l'écriture ? Ces deux questions présentent bien l'ambiguïté de « ces textes parlés-écrits à deux ».

Lejeune propose ainsi (dans *Je est un autre*, Seuil) une définition très large du récit de vie qui désignerait « l'ensemble du champ " biographique ", recouvrant à la fois hétérobiographie, autobiographie et genres mixtes, c'est-à-dire tous les textes référentiels racontant la vie de quelqu'un qui a existé ».

L'émergence des sciences humaines

Les sciences humaines naissent entre la fin du XVIIIe et le début du XIXe siècle, au moment où l'autobiographie, avec Rousseau, renouvelle le champ littéraire. C'est à cette époque, et sous l'influence de la pensée des Lumières, que la notion d'individu acquiert une valeur. La perception du monde et le savoir s'organisent autour d'un point central : l'homme.

Dans *Les Mots et les Choses* (1966), Michel Foucault donne l'exemple de la perspective : la représentation de l'espace s'effectue selon un point de vue unique, celui de l'homme. Le tableau s'organise autour d'un « regard de chair », autour de la vision qu'a l'homme du monde. Foucault montre également la nécessité, pour les sciences humaines, de prendre en compte le vécu de l'individu. L'autobiographie, où l'homme est à la fois sujet et objet, peut apparaître comme une première analyse de ce vécu. Foucault a lui-même exhumé, d'archives datant du XIXe siècle, le récit autobiographique d'un jeune criminel : *Moi, Pierre Rivière, ayant égorgé ma mère, ma sœur et mon frère...*

Ce qui compte pour la sociologie, c'est le témoignage, et c'est pourquoi les sociologues présenteront leurs textes comme des « récits de vie », le terme d'autobiographie étant trop connoté littérairement. En sciences sociales, le récit de vie résulte d'une forme particulière d'entretien que l'on appelle « entretien narratif » : un chercheur demande à une personne – appelée « sujet » – de lui raconter tout ou une partie de son expérience vécue.

Naissance du mot

L'expression « récit de vie » n'a été introduite en France qu'en 1976 par le sociologue Daniel Bertaux qui, outre des ouvrages de méthodologie, mena des enquêtes sur l'artisanat, sur la famille, ou sur des mouvements sociaux comme mai 1968.

Jusque-là, le terme consacré était « histoire de vie », traduction littérale de l'américain *Life history*. Certains sociologues utilisent encore cette expression, bien qu'elle ne permette pas de faire la différence entre l'histoire vécue par une personne et le récit qu'en fait cette personne à la demande d'un chercheur. Or, dès qu'il y a récit, il y a narration.

LES DIFFÉRENTS TYPES DE RÉCITS DE VIE

La diversité des approches

Pour le scientifique, la collecte des récits de vie est une méthode : il ne vise pas la publication mais la constitution d'archives et l'élaboration d'un nouveau moyen d'observation ; il travaille de façon méthodique, en équipe et sur de nombreux sujets. Pour l'écrivain ou le journaliste, cette enquête se veut plus littéraire et doit aboutir à un texte lisible qui corresponde aux attentes d'un public ; il travaille seul, sur un sujet unique et sans méthode particulière.

Mais, en fin de compte, ces deux types d'approches peuvent aboutir à des résultats similaires. Par exemple, dans *Nous les maîtres d'école. Autobiographies d'instituteurs de la Belle Époque* (Gallimard, 1973), le sociologue Jacques Ozouf présente une recherche menée dans les années 30 : un questionnaire avait été expédié à 20 000 instituteurs ayant enseigné entre 1880 et 1914, afin d'étudier les positions de cette catégorie socio-professionnelle vis-à-vis de l'École publique à une époque donnée, ainsi que le rôle des institutions de la IIIe République. Ozouf décida de publier une partie des quatre mille réponses en 1973, se justifiant ainsi dans sa préface :

> Certes l'enquête qui a suscité ces réponses poursuit d'autres fins que la publication de ces confessions. […] Elle cherche à montrer la validité, en histoire, des méthodes de l'enquête d'opinion. Mais, pour vouloir confier à des fiches perforées ou à des ordinateurs les récits récoltés, fallait-il en laisser perdre l'accent, la qualité littéraire – parfois –, la charge émotive – toujours ? Il nous a semblé qu'on prendrait intérêt à les lire.

À l'inverse, dans *Grenadou, paysan français* (1966), l'écrivain Alain Prévost n'avait pas d'objectif scientifique en recueillant le témoignage d'un paysan béarnais. Mais lorsque son ouvrage fut réédité et préfacé par un historien, il connut un très grand succès : des journalistes et la télévision allèrent dans le village voir et interviewer le « paysan » Grenadou devenu soudain célèbre.

Récit de vie et anthropologie

Recueillir des documents oraux, y compris des récits de vie, est depuis longtemps une des techniques de base de l'ethnographie, appliquée notamment aux sociétés sans écriture et aux classes défavorisées et souvent illettrées de notre société. Lejeune présente ces récits comme « l'autobiographie de ceux qui n'écrivent pas ».

Cette méthode fut élaborée par les sociologues de « l'École de Chicago », et déboucha sur la rédaction d'un premier grand ouvrage : *Le paysan polonais en Europe et en Amérique* (1918-1920) de Thomas et Znaniecki. Les auteurs y font un large usage de documents et de lettres personnelles, et terminent leur recherche par le long récit autobiographique d'un jeune immigré. La « personnalité » est pensée comme étant représentative d'une société, et les auteurs commentent les documents qu'ils citent, pour orienter le lecteur.

Les travaux d'Oscar Lewis s'inscrivent dans cette lignée. La traduction en français de son ouvrage majeur, *Les Enfants de Sanchez* (Gallimard), suscita un véritable enthousiasme (pour Simone de Beauvoir, il ne serait plus possible d'écrire des fictions, après avoir lu ces récits criants de vérité) et beaucoup d'émules. Lewis explique dans son introduction qu'il a recueilli le récit que les cinq membres d'une famille pauvre de Mexico font de leur propre vie. Il est à noter qu'il s'agit d'un des premiers récits de vie utilisant le magnétophone, apparu à la fin des années 50, dont Lewis vante ainsi l'utilité :

> Grâce au magnétophone, des individus non spécialisés, incultes, voire illettrés, peuvent parler d'eux-mêmes et raconter leurs expériences et leurs observations d'une façon non inhibée, spontanée et naturelle.

Lewis veut porter à la connaissance du grand public une véritable « culture de la pauvreté ». A cette époque, aucun anthropologue n'avait encore raconté la vie de personnes issues des classes laborieuses en Occident. Les travaux précédents s'étaient en effet surtout intéressés aux Indiens en tant que derniers témoins vivants d'une culture en voie de disparition. L'ouvrage le plus connu sur ce sujet est sans doute *Sun Chief*, autobiographie d'un chef indien, réécrite par l'anthropologue Léo Simmons en 1942.

Récit de vie, histoire et sociologie

Après l'ethnologie et la sociologie, l'histoire a également recours au récit de vie; c'est ce qu'on appelle « l'histoire orale », où il s'agit de constituer un nouveau type d'archives. Cette histoire orale s'intéresse surtout aux classes dominées et aux formes de vie et de culture qui sont en train de disparaître. On peut ainsi citer *Un ouvrier parle* (1969) de J. Minces, *La vie d'une famille ouvrière* (1971) de J. Caroux-Destray, *Journal de Mohamed* (1973) de M. Catani.

En 1993, une équipe de sociologues, sous la direction de Pierre Bourdieu, publie *La Misère du monde*, un ouvrage de 950 pages qui présente, dans un ensemble de récits autobiographiques, recueillis au magnétophone, introduits et commentés par les chercheurs, toutes les formes de la misère sociale et de la pauvreté.

On pourrait également citer ici les nombreux ouvrages regroupant des enquêtes et des témoignages sur la vie de personnes juives durant la seconde guerre mondiale. L'un des plus importants, ne serait-ce que par son volume (2 tomes de plus de 600 pages), fut écrit en 1995 par deux Russes, Vanili Grossman et Ilya Ehrenbourg, et s'intitule *Le livre noir sur l'extermination des Juifs en URSS et en Pologne (1941-1945)*.

Quelques années plus tôt, en 1989, la sociologue Nicole Lapierre avait mené une enquête sur les Juifs de la ville polonaise de Plock, émigrés dans le monde entier. Son ouvrage, intitulé *Le silence de la mémoire. À la recherche des Juifs de Plock,* montre comment récit historique et discours testimonial ne peuvent que s'enrichir l'un l'autre. De nos jours, dans une perspective plus « sociale » que sociologique, des textes ont été collectés par l'Association Paris-Mémoire sur une commande du centre d'action sociale de la capitale ; il s'agissait de recueillir les récits de vie de personnes ayant plus de cent ans. Le but : « contribuer à donner aux personnes âgées leur rôle dans la société ». Les souvenirs, mais aussi les silences de ces centenaires, ont souvent ému les enquêteurs eux-mêmes...

Récits recueillis par des écrivains ou des journalistes

Les Enfants de Sanchez, qui se lisent comme un roman – certains critiques y ont vu un savant mélange de Balzac et de Faulkner ! –, ont fait école. La littérature « vécue », ce nouveau genre littéraire, se mit à utiliser les mêmes méthodes d'investigation afin de recueillir directement le témoignage d'une personne. On peut notamment citer *Pierrot et Aline* (1974) de J. Ferniot, *Louis Lengrand, mineur du Nord* (1974) de L. Lengrand et M. Craipeau, et l'ouvrage qui est considéré par Lejeune comme le chef-d'œuvre du genre, *Gaston Lucas, serrurier* (1976) d'Adélaïde Blasquez.

Ce que le journaliste ou l'écrivain cherche à capter n'existe en fait qu'à l'état virtuel, et ne prend la forme d'une parole que grâce à l'intervention de l'enquêteur : c'est dans le dialogue que le récit de vie va s'élaborer. Ce genre va s'étendre de nos jours à tous les ouvrages écrits en collaboration : un journaliste, par ses questions, organise le récit de la vie d'une personnalité du monde politique, artistique, sportif, économique, médiatique. Il ne s'agit plus ici de donner la parole à des témoins d'une culture ou d'un monde en voie de disparition, mais de permettre à ceux qui ont une expérience à communiquer de le faire sans avoir à l'écrire : un autre, plus doué pour l'exercice écrit, s'en chargera !

C'est ainsi que Lucette Destouches, veuve de l'écrivain Céline, a demandé à une amie d'écouter le récit de la vie qu'elle a partagé avec l'auteur du *Voyage au bout de la nuit* - et de pamphlets antisémites - pour ensuite l'écrire avec ses mots à elle. L'ouvrage, paru en mai 2001, est signé par Véronique Robert « avec » Lucette Destouches.

2 Les enjeux du récit de vie

L'écriture du récit de vie et sa publication posent un certain nombre de questions qui vont permettre de comprendre le fonctionnement et l'intérêt de ce type de textes qui se situent parfois aux frontières du « littéraire ».

RÉCIT DE VIE, AUTOBIOGRAPHIE ET BIOGRAPHIE

Le récit de vie peut se définir comme une autobiographie écrite en collaboration. Mais, dans l'autobiographie, c'est la même personne qui est à la fois l'auteur (celui qui a « vécu ») et le narrateur (celui qui en fait le récit). Dans le cas du récit de vie, l'effort de mémoire et l'effort d'écriture sont assurés par des personnes différentes

Qui est « l'auteur » ?

La détermination de « l'auteur » d'une œuvre écrite en collaboration dépend avant tout de l'effet que le livre doit produire. Par exemple, dans le récent ouvrage de Jean Lacouture sur Germaine Tillon (*Le témoignage est un combat,* 2001), figure exemplaire d'intellectuelle engagée dans la Résistance et rescapée des camps de la mort nazis, le nom de celle qui raconte sa vie est écrit en gros caractères sur la couverture, accompagné de sa photo. Mais le nom de Jean Lacouture, auteur de biographies à succès, est également mis en évidence, pour que le lecteur n'oublie pas que l'écriture est de lui. C'est pourtant Germaine Tillon qui était invitée sur les plateaux de télévision, tant le « vécu » est porteur, pour le public, d'une charge émotionnelle.

Deux autres exemples peuvent montrer les deux extrêmes de ces « collaborations autobiographiques »: dans *Gaston Lucas, serrurier, chronique de l'anti-héros* (1976), c'est Adélaïde Blasquez qui écrit et signe le livre. Gaston Lucas n'est que le sujet du livre, une sorte d'« anti-auteur », selon Lejeune. À l'inverse, dans *Au nom de tous les miens*, c'est Max Gallo qui a écrit le livre et Martin Gray qui est l'auteur signataire. Dans ce genre de texte, le rédacteur écrit en fait comme s'il était la personne qui relate son existence. Ceci diffère totalement de l'autobiographie à la troisième personne où le narrateur fait semblant de parler de lui comme s'il était un autre (comme Stendhal dans sa *Vie d'Henry Brulard*, par exemple).

Le rédacteur et son modèle

Certains ouvrages sont présentés sous forme d'interviews, un questionneur et un questionné figurant dans le texte final. Du coup, si les interventions du questionneur-rédacteur sont critiques et créatrices, on se rapproche de la biographie. C'est par exemple le cas du superbe ouvrage – composé de nombreux entretiens – du réalisateur et critique de cinéma François Truffaut sur le maître du suspense Alfred Hitchcock (*Hitchcock-Truffaut,* 1990).

On est, en revanche, plus proche de l'autobiographie si l'enquêteur cherche simplement à relayer le modèle en s'effaçant discrètement; c'est le principe qu'a adopté la journaliste Françoise Giroud dans *Si je mens...* (1971). Il arrive aussi que le sujet-questionné reprenne à son compte le texte qu'il a produit oralement, en le réécrivant lui-même sous forme d'autobiographie. C'est ce qu'a fait l'actrice Simone Signoret, en signant *La nostalgie n'est plus ce qu'elle était* (1977). Quant à Christiane Rochefort, dans *Ma vie revue et corrigée par l'auteur* (1978), elle propose une sorte de parodie du livre-entretien, en plaçant à la fin de son autoportrait la liste des questions que lui avaient posées son enquêteur.

Il reste à évoquer ici la collaboration clandestine, pratiquée depuis des siècles. On appelle « nègre » celui qui accepte par contrat d'écrire à la place d'un autre sans que son nom n'apparaisse jamais (la confidentialité faisant partie du contrat). Les « nègres » - dont le plus célèbre fut sans doute Alexandre Dumas - sont aussi appelés « écrivains fantômes », de l'américain « Shadow Writer ». Nombre d'hommes politiques, de vedettes ou de sportifs ont souvent recours aux services d'un « nègre », sans que le fait soit évoqué par les critiques. Et, de toute façon, le lecteur s'en moque, car c'est la vie même de son personnage favori qui le passionne : peu lui importe – mais jusqu'à quel point ? – si c'est lui qui l'a écrite.

DE L'ORAL À L'ÉCRIT : QUESTIONS DE LITTÉRATURE

Une « traduction » ?

Lejeune en vient à rapprocher le travail du rédacteur de celui du traducteur : le récit de vie n'a-t-il pas, au même titre que le texte *traduit,* deux auteurs, le récit oral étant transposé à l'écrit par le rédacteur ?

La grande différence, c'est que dans le cas du rédacteur de récit de vie « il n'existe pas de texte original ». Au lieu de faire passer un texte d'une langue à une autre, il produit un texte à partir d'un « avant-texte » : une image de sa vie qui n'existe que dans la mémoire et la parole du modèle.

Le modèle est réduit à l'état de « source » et a pour fonction de dire ce qu'il sait, tandis que le rédacteur se trouve confronté à tous les problèmes d'écriture : il doit établir une progression, sélectionner ou résumer, choisir un ton et un mode d'énonciation. C'est ce type de travail que résume O. Lewis dans la Préface aux *Enfants de Sanchez* :

> En préparant la publication des interviews, j'ai éliminé mes questions et choisi, arrangé, organisé les matériaux pour en faire des récits cohérents. Si l'on partage l'opinion d'Henry James selon laquelle la vie est toute inclusion et confusion, tandis que l'art est discrimination et sélection, eh bien, ces récits appartiennent à la fois à l'art et à la vie.

Réélaboration et réécriture

Celui qui écrit et rédige le récit de la vie que lui raconte un autre, souvent à sa demande, ne peut se contenter de transcrire les propos enregistrés sur le magnétophone. Ce « rédacteur », qu'il soit chercheur, journaliste, écrivain ou « nègre », va devoir effectuer des choix, mettre au point une stratégie narrative. Tout en restant le plus fidèle possible au « vécu » de son sujet, il doit aussi tenir compte des attentes du lecteur dans le cas où le texte est destiné à la publication. Il s'agit donc véritablement d'un travail de re-création.

Lejeune distingue (dans *Je est un autre*, Seuil) trois façons de restituer le discours du sujet :

• « **Au plus près de la parole** » : dans un souci d'authenticité, le rédacteur recopie fidèlement les propos du sujet, produisant ainsi dans certains cas un effet « ethnologique », notamment lorsque la personne a du mal à s'exprimer. Citons par exemple cet extrait d'un entretien du sociologue Pierre Bourdieu avec un jeune Beur. Rappelons que le projet de *La Misère du monde* était de donner la parole aux classes défavorisées, voire opprimées :

> - Au fond, ce qui t'emmerde à l'école, c'est d'avoir à travailler, quoi ? Parce que sinon ça serait très bien.
> Malik – Ben je travaille pas.
> - Oui, c'est ça, donc c'est très bien.
> Malik – C'est très bien, non, non, mais c'est bien quoi.
> C'est sympa [...] les profs, ils sont cools, c'est sympa.

• « **La distance moyenne** » : le rédacteur élimine les hésitations, les répétitions et la plupart des tournures de la langue orale comme la négation à un seul terme (« j'ai pas pu ») ou les phrases segmentées (« Moi, je veux pas »). Le rédacteur essaie toutefois de garder le rythme de la parole et quelques tournures propres à la façon de s'exprimer de son sujet. Cette méthode, qui demande beaucoup de tact, est la plus utilisée car elle permet de produire des textes lisibles par un large public.

Voici à titre d'exemple comment s'exprime le principal d'un collège d'une ZEP, dans une interview également recueillie dans *La Misère du monde* :

M. Ramus – Il faut survivre… oui, il faut survivre bien sûr, on ne peut pas… Moi, je peux vous emmener visiter le collège, par exemple, je ne peux pas tolérer un graffiti.

- **« L'élaboration littéraire »**: Oscar Lewis parle, dans l'introduction des *Enfants de Sanchez*, de ses difficultés à restituer l'argot et les expressions idiomatiques de ses sujets car elles étaient souvent pleines d'allusions à double sens, à caractère souvent sexuel. Il explique qu'il a dû revoir et réorganiser tout son matériel enregistré, surtout en ce qui concerne une des filles, Consuelo. Celle-ci lui ayant fourni de nombreux documents écrits, il les a « fondus » avec le récit fait oralement, pour conserver la cohérence du texte.

De l'avis des scientifiques, l'ouvrage de Lewis est souvent critiquable. Mais pour un lecteur non spécialiste, le plaisir est comparable à celui de la lecture d'un roman. Les récits des quatre frères et sœurs et de leur père, en proposant des versions différentes d'un même événement, reprennent la technique romanesque du point de vue tandis que la véracité du contexte social fait inévitablement penser aux procédés du roman réaliste. Mais ce n'est plus Zola ou Maupassant qui nous restituent la vie des humbles, c'est leur vie qui devient un roman!

Le talent de l'écrivain

Le scripteur (celui qui met par écrit le récit oral qu'il recueille) doit conserver la saveur et la spontanéité du discours oral tout en offrant la lisibilité et le plaisir d'un récit écrit. L'auteur de *Mémé Santerre, une vie* (1976), Serge Grafteaux, écrit la vie de son modèle avec la plume d'un romancier populiste et intimiste. On pourrait imaginer que, même si elle ne parle pas ainsi, Mémé Santerre aurait peut-être écrit de cette façon, si elle avait su écrire!

À côté des récits de vie écrits « comme des romans » (*Les Enfants de Sanchez* ; *Mémé Santerre ; Grenadou, paysan français*), on trouve des ouvrages où l'enquêteur a choisi d'insérer, dans l'analyse de situations sociales difficiles, les transcriptions des entretiens qu'il a menés avec ses sujets. C'est le cas de *La Misère du monde*, dirigé par Bourdieu, où l'on peut lire des témoignages de paysans, d'ouvriers, d'employés, d'enseignants, de lycéens, de jeunes Beurs, de clochards... Ce sont leurs propos qui retiennent l'attention du lecteur ; ils constituent en effet « l'illustration » – avec la même fonction que des images – d'un discours qui aurait semblé trop difficile à des non-spécialistes en sciences humaines.

Mais le cas le plus emblématique reste sans doute celui de l'ouvrage de Jacques Ozouf, *Nous les maîtres d'école*. En effet, les instituteurs interrogés ayant choisi de répondre par écrit, ce sont souvent de véritables autobiographies littéraires qui sont données à lire. Dans sa présentation intitulée « Des instituteurs se racontent », J. Ozouf justifie ainsi son choix de publication :

> [...] parfois, les instituteurs interrogés ont choisi leur plus beau cahier, intégré leurs réponses à un récit continu, trouvé, dès le début, le ton uni et un peu sourd de la confidence : « Je suis né au bourg de Saint-Michel-Chef, dernier d'une famille de onze enfants dont six étaient morts avant ma naissance. [...] »

En voulant faire partager son plaisir de lecture, le sociologue rejoint ici la position du philosophe Michel Foucault. La lecture de *Moi, Pierre Rivière, ayant égorgé ma mère, ma sœur et mon frère* avait inspiré à ce dernier « vénération » et « terreur », des sentiments d'ordre esthétique semblables à ceux que l'on éprouve devant les œuvres d'art.

3 Le bon et le mauvais usage du vécu

En raison sans doute de leur large succès public et de la diversification des médias, les histoires de vie franchissent souvent la frontière entre l'écrit et l'oral d'où elles proviennent.

UNE LITTÉRATURE « DOCUMENT » ?

Les documents concernant un « vécu » ont toujours intéressé un large public, surtout lorsqu'ils renvoient à des problèmes sociaux ou d'actualité comme le racisme, la prostitution ou la drogue. Il s'agit la plupart du temps d'autobiographies, même si leur écriture a souvent été suscitée par un éditeur. Ce type de témoignage s'apparente pourtant au « vécu » des récits de vie.

L'étude de cas cliniques en psychanalyse présente également des points de convergence avec les récits de vie écrits à deux : le patient, en cure psychanalytique, raconte, dans un discours non structuré, des moments de sa vie - et surtout de son enfance - à l'analyste-psychiatre. Mais, à la différence des enquêtes menées par les sociologues, l'analyste ne dirige pas l'entretien. Même s'il peut intervenir pour relancer le récit du patient, son objectif n'est pas à priori la recherche ou la publication. L'autre différence, encore plus importante, c'est que le sujet – dans ce cas le patient – ne sait pratiquement jamais que sa vie va faire l'objet d'une publication.

Le *Petit Hans* et *Anna O.*, sont des cas de névroses racontés et publiés par Sigmund Freud. Plus récemment, le docteur Sacks, psychiatre dans le quartier du Bronx à New York, a obtenu un grand succès en publiant des entretiens avec des psychotiques, qui donnent lieu à des récits pleins d'humour et d'émotion. Citons le recueil de textes intitulé *L'homme qui prenait sa femme pour un chapeau* et *Réveils*, qui fut adapté à l'écran par Penny Marshall et interprété par Robert de Niro.

Les médias ont également contribué à une diffusion encore plus grande des récits de vie, en les faisant sortir de leurs supports écrits pour répondre à une attente passionnée du public. La radio et la télévision multiplient les émissions où des personnes célèbres - mais aussi totalement inconnues - viennent raconter leur vie, dans des entretiens dirigés par des journalistes rompus aux codes de la communication et aux lois de l'Audimat. Citons par exemple : *Ça se discute* sur France 2, *C'est mon choix* sur France 3 ou les émissions de Mireille Dumas.

LA VIE EST-ELLE UNE HISTOIRE ?

Les critiques des récits de vie sont toutefois nombreuses. En donnant la parole à « ceux qui n'écrivent pas », l'enquêteur, le journaliste ou l'écrivain s'approprie cette parole, la récupère à son propre profit. Ne fait-il pas ainsi preuve d'un certain mépris ? Homme d'écriture, il appartient après tout aux classes aisées et généralement à une institution ou une entreprise – maison d'édition, journal, université.

Le lecteur, de son côté, est souvent animé par un sentiment de nostalgie (connaître une civilisation, un métier, un groupe social qui est en train de disparaître) et par la curiosité (comprendre comment a vécu tel personnage, découvrir ses talents et ses faiblesses) : il participe aussi à une sorte de voyeurisme. Le vécu fait aussi rêver ; il peut être passionnant comme un roman d'aventures et donne, en supplément, ce frisson que procure le contrat référentiel : c'est vrai !

Pour autant, cette vie « vraie » est-elle une histoire qui doit et peut être racontée ? Il s'agit généralement d'un mélange de hasards et de nécessités, qui ne peut se raconter dans un ordre et avec un sens qu'en laissant la part belle à la reconstruction subjective et arbitraire. Mais c'est peut-être justement parce que la vie humaine n'est pas une histoire, mais un ensemble d'histoires et de discontinuités sans liens apparents, que les hommes cherchent à la raconter.

Laissons donc le dernier mot à Marguerite Duras, qui déclarait en 1984, après la publication de son roman autobiographique, *L'Amant* (Minuit) :

> L'histoire de votre vie, de ma vie, elles n'existent pas, ou bien alors il s'agit de lexicologie. Le roman de ma vie, de nos vies, oui, mais pas l'histoire. C'est dans la reprise des temps par l'imaginaire que le souffle est rendu à la vie.

SEPTIÈME PARTIE

Trois lectures analytiques

Texte 1

Anne Frank, *Journal*

Vendredi 24 décembre 1943

Chère Kitty[1],

Je t'ai déjà dit combien l'atmosphère de l'Annexe[2] dépend de notre humeur personnelle. Chacun est aux prises avec les siens, et je crois que chez moi ça devient une maladie chronique qui prend des proportions inquiétantes.

Himmelhoch jauchzend und zum Tode betrübt[3] (Joie céleste et tristesse mortelle) – ça pourrait s'appliquer à moi. La « joie céleste », j'en suis consciente en pensant à tout ce qui nous est donné ici, et au fait d'échapper au sort malheureux des autres enfants juifs ; et la « tristesse mortelle » m'envahit fréquemment, comme aujourd'hui par exemple, lors de la visite de Mme Koophuis[4], qui nous parlait de sa fille Corry ; elle va canoter avec des amis, participe à l'activité d'un théâtre d'amateurs, ils montent des pièces, ils se retrouvent au hockey-club. Je ne crois pas être jalouse de Corry, mais à entendre parler de sa vie, mon désir de rire et de m'amuser à la folie devient si fort que j'en ai mal au ventre. Surtout maintenant, pendant les vacances de Noël, enfermés que nous sommes dans nos quatre murs, comme des parias… C'est peut-être un tort d'en parler, je donne l'impression d'une ingrate et j'exagère sans doute. Quoi que tu puisses penser, je suis incapable de garder tout ça pour moi, et je reviens à ce que je t'ai dit dès le début : « Le papier est patient. »

Lorsqu'une personne du dehors entre chez nous, avec la fraîcheur du vent dans ses vêtements et le froid sur son visage, je voudrais cacher ma tête sous les couvertures pour faire taire cette pensée : « Quand nous sera-t-il donné de respirer l'air frais ? »

Situer le passage

Le *Journal* d'Anne Frank a été retrouvé par des amis de la famille dans l'appartement – appelé « l'Annexe » dans le *Journal* – pillé par la Gestapo. Ils le remettront au père d'Anne, seul rescapé des camps de la mort, qui le fera publier en 1947 en Hollande. Ayant donné à son *Journal* la forme d'une correspondance à une amie imaginaire, Kitty, Anne écrira de juin 1942 (elle venait d'avoir treize ans) au 1er août 1944, avant d'être déportée dans un camp de concentration polonais, où elle mourra. La seconde guerre mondiale était sur le point de finir.

Cette page du *Journal* est située exactement au centre de l'ouvrage. À la date du 24 décembre 1943, après plus d'un an de réclusion forcée, l'adolescente s'efforce d'analyser avec lucidité et honnêteté pourquoi elle se sent, ce jour-là, atteinte d'une « tristesse mortelle ».

Dégager des axes de lecture

Anne rapporte les événements récents qui ont provoqué ce sentiment, et exprime avec un véritable talent d'écrivain ses aspirations les plus légitimes. L'écriture de cette « lettre » a donc une fonction bien précise pour la narratrice (analyser et comprendre ce qu'elle ressent) ; et la justesse du ton provoque chez le lecteur une émotion face au destin tragique qui attend la narratrice parce qu'elle est juive.

---

1. *Kitty* : nom fictif de la correspondante – amie à qui Anne Frank décide d'adresser les lettres qui composent le *Journal*.
2. *L'Annexe* : nom donné à l'appartement secret, situé dans un immeuble de bureaux d'Amsterdam, où la famille d'Anne Frank et une autre famille juive ont dû vivre cloîtrées du 6 juillet 1942 au 6 août 1944, pour échapper aux rafles nazies. Découverts par la Gestapo, tous les habitants seront déportés à Auschwitz. Anne mourra en camp de concentration en 1945, âgée de 15 ans.
3. *betrübt* : il s'agit d'une citation d'un drame en prose, *Egmont* (1790), de l'écrivain allemand Goethe. Née à Francfort en Allemagne en 1929, Anne connaît l'allemand et lit beaucoup. La famille a émigré en aux Pays-Bas, pour fuir le régime antisémite d'Hitler.
4. *Mme Koophuis* : pseudonyme donné dans le *Journal* à une amie des reclus.

PREMIER AXE DE LECTURE

LA FONCTION DU JOURNAL

Une date réelle

Un journal intime, comme une lettre, commence par l'inscription de la date. Dans cette page, cette date (l.1), bien qu'elles ne soit pas commentée ensuite par la narratrice, prend des significations précises pour le lecteur. En premier lieu, le Vendredi représente pour les Juifs la veille du Sabbat, jour de fête. En second lieu, le 24 décembre correspond pour les Chrétiens à la veille de la naissance du Christ, le jour de Noël. Mais Noël, pour une jeune adolescente qui était scolarisée jusqu'à sa réclusion obligée, c'est aussi une date de vacances. La frustration de ne pouvoir sortir et s'amuser est donc redoublée: « Surtout maintenant, pendant les vacances de Noël. » Enfin, en 1943, la France, la Belgique et les Pays-Bas étaient occupés par les troupes allemandes, et la Gestapo – la police politique du IIIe Reich – poursuivait les Juifs pour les déporter dans des camps de concentration.

C'est bien sûr cette date qui permet le mieux de comprendre le contenu de la lettre et la situation de la narratrice que son statut de Juive oblige à vivre cachée sous peine d'être arrêtée.

Une amie « de papier »

Contrairement à cette date, qui ancre le *Journal* dans une période historique bien précise et sert de référence à des événements qui ont bien existé, la dédicataire Kitty – celle à qui s'adresse la narratrice – est totalement fictive. Ce prénom ne renvoie pas à une personne réelle mais désigne celle à laquelle la jeune Anne Frank a décidé de se confier. Cette adresse – « Chère Kitty » (l.2) – donne ainsi au lecteur l'illusion d'une correspondance.

Mais peu importe si ce personnage de papier est fictif, car il permet au discours de s'organiser. En s'adressant à Kitty, la narratrice peut faire des retours en arrière, soit en évoquant des réflexions concernant la vie quotidienne – « Je t'ai déjà dit combien l'atmosphère de l'Annexe dépend de notre humeur personnelle » (l.3-4) –, soit en faisant directement référence à son écriture – « je reviens à ce que je t'ai dit dès le début : " Le papier est patient " » (l.24-25).

Dans le premier cas, le déjà dit sert d'introduction et d'annonce d'une « humeur » propre à ce jour-là. Dans le deuxième, c'est le rôle même du *Journal* qui est justifié. La réflexion est en effet précédée d'une adresse directe à l'interlocutrice fictive qui représente l'amie-confidente : « Quoi que tu puisses penser... » (l.22-23). Grâce à Kitty et grâce au « papier », Anne peut faire sortir d'elle ses sentiments, à défaut de pouvoir sortir elle-même.

De la chronique à l'analyse

La fonction du *Journal* est de raconter au jour le jour des événements récents. La narratrice fait ici le récit d'un événement qui s'est déroulé le jour même où elle écrit. On suppose donc qu'elle écrit le soir : « aujourd'hui par exemple... » (l.12). Il s'agit de la visite d'une amie de ses parents qui vit hors de « l'Annexe » et qui a raconté les activités que mène librement sa fille Corry : canotage, théâtre, rencontres entre amis.

Mais ce bref résumé du discours de Mme Koophuis sert en fait de prétexte à la narratrice pour analyser ses réactions, les justifier et exprimer sa « tristesse mortelle » (l.8). En entendant parler de la vie (l.17) d'une fille de son âge, elle est cruellement amenée à la comparer avec sa situation de « paria » (l.20), terme particulièrement bien choisi puiqu'il désigne (aux Indes) un individu exclu du groupe.

Anne va ensuite donner une portée plus générale à ce court épisode : « Lorsqu'une personne du dehors entre chez nous... » (l.26). Mme Koophuis et sa fille Corry ne sont donc qu'un cas particulier à partir duquel la narratrice peut analyser le rapport entre le « dehors » et le « chez nous », ou son « chez moi » (l.5), c'est-à-dire son moi intime.

LA « TRISTESSE MORTELLE »

Le dedans et le dehors

La citation de Goethe permet à Anne de donner le ton de cette lettre. La première partie de la citation, la « joie céleste » (l.7), est pourtant vite évacuée. Honnêtement et comme par acquit de conscience, elle prend acte, elle est « consciente » (l.9), de ce qui devrait la rendre heureuse : grâce à ses parents et à l'aide d'amis extérieurs qui les ravitaillent, elle peut « échapper au sort malheureux des autres enfants juifs » (l.10-11) ; c'est-à-dire échapper à la mort.

Mais si la « tristesse mortelle » l'« envahit fréquemment » (l.11-12), et plus spécialement ce 24 décembre 1943, c'est à cause de son enfermement forcé. L'opposition entre les « quatre murs » (l.20) et « l'air frais » (l.30) du « dehors » (l.26) est saisissante et éloquente. Cet air qu'apportent avec eux les visiteurs, c'est le « vent » et le « froid » (l.27), qui font tragiquement écho aux « couvertures » sous lesquelles l'adolescente voudrait « cacher [sa] tête » (l.28). Mais l'air est aussi la métaphore d'une vie libre où l'on peut rire et s'amuser.

Et la réclusion forcée de l'adolescente renvoie à la condition de « parias » que le régime d'Hitler imposait aux Juifs. À partir de son cas particulier, la narratrice rend immédiatement évidentes les conditions de vie de toute une communauté.

La souffrance et le rire

Cette lettre établit aussi un parallèle entre une tristesse qui devient souffrance et une force vitale irrépressible. L'exemple le plus remarquable de ce rapprochement est donné dans la phrase : « mon désir de rire et de m'amuser à la folie devient si fort que j'en ai mal au ventre » (l.17-18). Plus loin, elle fera « taire cette pensée » (l'attente de la libération) en voulant se cacher « sous les couvertures » (l.28). En décrivant ses sensations physiques ou les gestes qu'elle réprime, la narratrice rend sensible sa détresse sans la nommer. Elle tente même de tempérer cette souffrance, de la minimiser – « j'exagère sans doute » (l.22) – et du coup donne à ses désirs extrêmes – « m'amuser à la folie » (l.17-18) – une dimension plus vague, plus générale mais aussi concrète: « respirer l'air frais » (l.30).

La narratrice est déchirée, elle l'écrit, mais semble douter du bien-fondé de son geste: « C'est peut-être un tort d'en parler » (l.21). Seul le *Journal*, la patience du papier (l.24-25), l'autorisent à s'exprimer: « je suis incapable de garder tout ça pour moi » (l.23). Le *Journal* représente donc cet « air », cette ouverture sur un ailleurs: sans l'écriture, Anne Frank ne pourrait respirer.

TROISIÈME AXE DE LECTURE
L'ÉCRITURE DE SOI

L'analyse de soi

La narratrice est une adolescente de quatorze ans qui fait preuve d'une étonnante maturité et lucidité dans l'analyse de son moi, tout en donnant libre cours à la fougue des sentiments propres à son âge. En ce qui concerne ces derniers, son désir de rire et de s'amuser « à la folie » (l.18) semble bien légitime au lecteur qui reconnaît l'emphase propre à la jeunesse. D'autant plus que ce désir a été ravivé par la comparaison qui est établie entre la vie de Corry, qui fait du canotage et du théâtre, et celle de la jeune recluse.

Mais là où surprend la jeune narratrice, c'est lorsqu'elle tente de débusquer en elle ses motivations: « Je ne crois pas être jalouse » (l.16). La tournure négative souligne aussi sa prudence dans les jugements qu'elle porte sur elle-même. De la même façon, elle s'inquiète de ce qu'elle ressent (premier paragraphe) mais se garde d'affirmer: « je crois que chez moi, ça devient une maladie chronique » (l.5-6).

Les effets de modalisation sont nombreux – je crois..., je ne crois pas..., peut-être – et le regard des autres est toujours pris en compte: « je donne l'impression » (l.21), « Quoi que tu puisses penser... » (l.22-23). Peu importe si l'autre est l'amie imaginaire à qui s'adresse le *Journal*; c'est elle-même, la narratrice, qui se juge, parfois sévèrement, et tente de se justifier, mais sans complaisance. Et, si elle cherche à « faire taire » (l.29) ses pensées, elle les laisse aussi s'exprimer avec toute la force du désespoir: « Quand nous sera-t-il donné de respirer l'air frais? » (l.29-30).

Le « nous » de cette dernière phrase interrogative – déjà présent à plusieurs reprises dans le texte, en alternance avec le « je » et le « moi » – montre bien la conscience aiguë de la jeune fille d'appartenir à une communauté persécutée. Mais cette question, qui ressemble à un vœu, restera sans réponse et prend une connotation déchirante pour le lecteur, car il sait que Anne Frank – et bien d'autres avec elle – ne pourra plus jamais « respirer l'air frais », vivre libre, rire et s'amuser, comme tout être humain en a le droit.

La maîtrise d'une écriture

Bien qu'elle ait commencé son *Journal* sans se soucier de faire une œuvre littéraire – ce qui donne une impression d'authenticité indiscutable au texte –, Anne Frank projetait en 1944 d'écrire un roman sur « l'Annexe ».

Il est évident que le début de cette lettre est composé selon des critères d'exposition et de démonstration bien maîtrisés: le premier paragraphe situe le problème à l'intérieur de la communauté qui vit dans « l'Annexe »; on passe ainsi de « chacun » (l.4) à « chez moi » (l.5); la citation littéraire – une phrase de Goethe (l.7) – sert à préciser le thème mais en lui donnant des lettres de noblesse. C'est à partir de ses lectures, de sa propre culture que la narratrice va développer sa réflexion et pourra exprimer ses sentiments. Elle peut « appliquer » les mots de Goethe à elle: elle les fait siens, les revendique et les illustre avec le récit qui va suivre.

Il s'agit d'un récit vivant et poignant, qui montre une jeune fille luttant contre le désespoir grâce à sa lucidité et grâce à l'écriture. Mais ce récit met aussi en évidence de réelles qualités littéraires, de la citation littéraire à l'aphorisme – « Le papier est patient » (l.24-25) – jusqu'à la suggestion poétique: « la fraîcheur du vent dans ses vêtements et le froid sur son visage » (l.26-28).

Si elle ne rêvait pas de devenir écrivain – elle voulait aller à Hollywood faire du cinéma ! –, la petite Anne Frank avait cependant conscience que l'écriture était devenue essentielle à sa survie. Le 16 mars 1944, cinq mois avant d'être arrêtée, elle écrit : « La chose la plus merveilleuse, et c'est déjà ça, c'est que je peux écrire tout ce que je ressens, sans cela j'étoufferais. »

CONCLUSION

Le 1er août 1944, Anne Frank écrit pour la dernière fois dans son *Journal*, ne sachant pas que trois jours plus tard elle sera amenée dans un camp de concentration où elle trouvera la mort. La « mortelle tristesse » aura prévalu sur la « joie céleste »...

Il nous reste un texte autobiographique, dont les vertus de l'enfance et les qualités de l'écriture ne font que renforcer la valeur de témoignage. Comme chez Georges Perec, auteur de *W ou le souvenir d'enfance*, l'histoire – avec un petit « h » – s'est tragiquement confrontée avec l'Histoire « et sa grande Hache ».

Texte 2 Marguerite Duras, *L'Amant*

L'homme élégant est descendu de la limousine, il fume une cigarette anglaise. Il regarde la jeune fille au feutre d'homme et aux chaussures d'or[1]. Il vient vers elle lentement. C'est visible, il est intimidé. Il ne sourit pas tout d'abord. Tout d'abord il lui offre une cigarette. Sa main tremble. Il y a cette différence de race, il n'est pas blanc, il doit la surmonter, c'est pourquoi il tremble. Elle lui dit qu'elle ne fume pas, non merci. Elle ne dit rien d'autre, elle ne lui dit pas laissez-moi tranquille. Alors il a moins peur. Alors il lui dit qu'il croit rêver. Elle ne répond pas. Ce n'est pas la peine qu'elle réponde, que répondrait-elle. Elle attend. Alors il le lui demande : mais d'où venez-vous ? Elle dit qu'elle est la fille de l'institutrice de l'école de filles de Sadec[2]. Il réfléchit et puis il dit qu'il a entendu parler de cette dame, sa mère, de son manque de chance avec cette concession[3] qu'elle aurait achetée au Cambodge, c'est bien ça n'est-ce pas ? Oui c'est ça.

Il répète que c'est tout à fait extraordinaire de la voir sur ce bac[4]. Si tôt le matin, une jeune fille belle comme elle l'est, vous ne vous rendez pas compte, c'est très inattendu, une jeune fille blanche dans un car indigène.

Il lui dit que le chapeau lui va bien, très bien même, que c'est... original... un chapeau d'homme, pourquoi pas ?

1. *Feutre d'homme... chaussures d'or* : dans un passage précédant ce texte, l'auteur décrit longuement ce qu'elle portait « ce jour-là » : une robe de soie naturelle « presque transparente », des talons hauts en lamé d'or, un chapeau d'homme en feutre.
2. *Sadec* : petite ville d'Indochine (péninsule du Sud-Est asiatique située entre l'Inde et la Chine) sur les rives du fleuve Mékong. À l'époque de la colonisation française (1888-1954), des fonctionnaires français, comme les instituteurs, vivaient dans cette région. Actuellement, cette ville se trouve au Viêt-nam.
3. *Concession* : terrain inculte que les autorités gouvernementales vendaient à bas prix pour qu'il soit cultivé. Celle que la mère a achetée au Cambodge fut inondée et la famille de la narratrice ruinée.

Elle est si jolie, elle peut tout se permettre. Elle le regarde. Elle lui demande qui il est. Il dit qu'il revient de Paris où il a fait ses études, qu'il habite Sadec lui aussi, justement sur le fleuve[5], la grande maison avec les grandes terrasses aux balustrades de céramique bleue. Elle lui demande ce qu'il est. Il dit qu'il est chinois[6], que sa famille vient de la Chine du Nord, de Fou-Chouen.

INTRODUCTION

Situer le passage

En 1984, *L'Amant* obtient le Prix Goncourt et un énorme succès public qui semble dû à la démarche autobiographique de l'auteur. Marguerite Duras a en effet déclaré : « C'est la première fois que je n'écris pas une fiction. » Il est toutefois remarquable que le récit alterne le « je » et le « elle ». De plus, le titre indique qu'avec cet ouvrage l'écrivain franchit l'étape de l'aveu : elle n'avait en effet encore jamais raconté que, encore au lycée à Saigon, elle a eu une liaison secrète avec un Chinois plus âgé qu'elle.

Dégager des axes de lecture

Âgée de 15 ans et demi, la narratrice traverse le fleuve sur un bac, pour rentrer à Saigon où elle est pensionnaire. C'est durant ce voyage qu'aura lieu sa première rencontre amoureuse avec un homme riche et chinois. Ce souvenir s'est fixé comme une image dans la mémoire de la narratrice. Elle va le raconter à la troisième personne, brouillant ainsi les codes entre autobiographie et roman.

4. *Bac* : bateau à fond plat servant à passer un cours d'eau ou un lac, pour les personnes et les véhicules. Ici, il traverse un des bras du sud Mékong qui sépare Sadec de Saigon (depuis 1975 cette ville, ancienne capitale du Viêt-nam, s'appelle Hô Chi Minh-Ville).
5. Le fleuve : il s'agit du Mékong, un des fleuves les plus longs d'Asie, qui se jette dans la mer de Chine par un delta.
6. Chinois : à l'époque de la colonisation, les Chinois vivant en Indochine constituaient une minorité ethnique, souvent commerçante et riche.

PREMIER AXE DE LECTURE

LA RENCONTRE AMOUREUSE

La rencontre entre la protagoniste et l'homme inconnu est présentée dans le passage avec tous les éléments qui permettent de la définir comme une rencontre amoureuse.

Le lieu, l'époque, le moment

Cette rencontre a lieu sur un bac qui traverse un fleuve qui n'est pas nommé. Les noms propres (Sadec, Cambodge, Chine du Nord) permettent de comprendre qu'il s'agit d'un bras du delta du Mékong, situé dans la péninsule indochinoise. L'exotisme du lieu de la rencontre est donc évident, mais aussi son symbolisme: l'isolement, qui immobilise les passagers durant ce passage d'un lieu à un autre, est propice à l'oisiveté, à l'observation, à la rencontre. Il est aussi précisé qu'il est « tôt le matin » (l.19). Ce moment de la journée acquiert lui aussi une valeur symbolique: la narratrice est encore très jeune, il est « tôt » dans sa vie de femme.

Les personnages

Le premier nommé est « l'homme » (l.1). Il est caractérisé surtout par sa richesse: il est « élégant » (l.1), voyage en « limousine » (l.1), a fait ses études à Paris (l.26) et possède une « grande maison » (l.27). Il est défini aussi par sa provenance ethnique et étrangère: « il est chinois » (l.29). L'aspect de son caractère, mis en évidence par son comportement, est la timidité (« il est intimidé », l.4 ; « sa main tremble », l.5-6). Mais c'est lui qui va faire le premier pas.

La jeune fille, c'est-à-dire la narratrice, est d'abord définie par son habillement, un peu extravagant (« feutre d'homme », l.2-3; « chaussures d'or », l.3). Puisqu'elle remarque la « différence de race » (l.6) avec l'homme qui « n'est pas blanc » (l.6), on en déduit qu'elle l'est. Le fait qu'elle soit française se comprend si l'on sait que le pays où elle vit était une colonie française. Contrairement à l'homme, elle est de famille modeste: sa mère est institutrice et n'a pas eu de « chance » (l.15) avec l'achat d'une concession.

Euphémisme pour dire qu'elle a été ruinée. De plus, elle voyage en car avec les indigènes, c'est-à-dire les gens du pays, les Asiatiques colonisés, donc les plus pauvres. Son comportement est réservé mais pas hostile. Elle se laisse aborder car elle est curieuse ; elle observe et « attend » (l.12).

La rencontre

Les étapes de l'approche sont minutieusement rapportées, bien que la chronologie soit peu marquée. Les trois premières actions sont le fait de l'homme : il descend de sa voiture, il regarde la jeune fille, il vient vers elle (l.1-3). Elles se succèdent jusqu'à ce qu'il fasse un autre geste : « il lui offre une cigarette » (l.5). C'est seulement dans la suite du récit que les « tout d'abord », les « alors » et un « et puis » vont rythmer l'évolution de cette approche, les modalités du tête-à-tête qui s'instaure. La rencontre peut alors se définir par trois constantes : le regard, le dialogue, l'attente. Ce sont là les trois ingrédients parmi les plus significatifs de la naissance de l'amour.

Remarquons toutefois que, contrairement à la tradition littéraire du coup de foudre, leurs regards ne se croisent pas : c'est d'abord lui qui regarde (l.2) et puis elle (l.25). Mais au moyen du regard – toute une tradition romanesque l'atteste – c'est le désir qui s'exprime, désir de connaître, de séduire. Par le regard on peut aussi observer, admirer, jouir de la présence de l'autre.

Quant au dialogue, il est banal, convenu, comme dans toute prise de contact où chacun cherche à savoir qui est l'autre. Au cours du dialogue, l'homme complimente la jeune fille sur sa beauté (« une jeune fille belle comme elle l'est », l.19 ; « elle est si jolie », l.24) et exprime sa surprise (l.18). Celle-ci est à interpréter comme le prélude d'un coup de foudre de la part de l'homme qui « croit rêver » (l.10), qui « répète que c'est tout à fait extraordinaire » (l.18).

Du cliché au mythe

Cette rencontre s'inscrit donc dans une tradition de rencontres amoureuses en n'échappant pas à certains lieux communs. Citons par exemple encore la cigarette offerte par l'homme pour entrer en contact avec la jeune fille. Le lieu de la rencontre – le bac, le bateau – évoque d'autres couples célèbres qui tombèrent amoureux durant un voyage sur l'eau: Tristan et Yseult, au Moyen Âge, Frédéric Moreau et Mme Arnoux dans *L'Éducation sentimentale* de Flaubert.

Comme dans les œuvres littéraires que nous venons de citer, il s'agit là aussi d'un amour impossible. Ici, ce qui sépare, ce sont les préjugés de race (elle est blanche, il est chinois) et peut-être aussi de classe (il est riche, elle est pauvre). Ajoutons qu'il s'agit d'une adolescente (elle a 15 ans et demi) et d'un homme déjà adulte (il a fini ses études). Toutes ces impossibilités sont comme latentes dans le récit, où les personnages semblent hésiter au seuil d'un rapport qui n'a pas d'avenir: « il tremble » (l.7) et « elle attend » (l.11-12). Leur élégance et leur beauté en font déjà un couple mythique, irrésistiblement attirés l'un par l'autre et condamnés d'avance.

SECOND AXE DE LECTURE
UN SOUVENIR COMME UNE IMAGE

En fixant avec une intensité quasi obsessionnelle ce moment crucial de son adolescence, Marguerite Duras tente de mieux voir, comme sur un écran, ce qui s'est passé.

La narratrice-spectatrice

En choisissant, dans ce passage, de parler d'elle à la troisième personne, l'auteur prend une distance avec ce moment de son passé. De la même façon que les personnages se regardent l'un l'autre, elle les regarde bouger et les écoute parler. Le regard de la narratrice est donc distancié et neutre, ce qui lui permet de décrire la scène de l'extérieur, comme en spectatrice.

Pas d'analyse psychologique donc, mais une attention extrême au moindre mouvement: « C'est visible, il est intimidé » (l.4). Elle voit la main trembler, la peur s'éloigner (l.9). Mais le regard de la narratrice se confond aussi parfois avec celui de la protagoniste (« il n'est pas blanc [...] c'est pourquoi il tremble », l.6-7), et elle fait siennes ses pensées (« que répondrait-elle », l.11) ou même ses répliques (« non merci », l.8). Sous le « elle » de « la jeune fille », c'est encore le « je » de l'auteur qui transparaît et s'affirme.

Un temps dilaté

Le temps verbal utilisé dans ce texte est le présent de l'indicatif. Il sert à actualiser la scène : le passé devient présent, il est là, encore, toujours là. Cette impression d'une scène qui n'en finit pas de se jouer est rendue encore plus sensible par un jeu de répétitions presque lancinant, souligné par le verbe répéter (l. 18) lui-même. On trouve ainsi des répétitions de mots : « tout d'abord » (l.4-5), « tremble » (l.6-7), « alors » (l.9-10), « jeune fille » (l.2, 19, 21), « chapeau » (l.22, 23), « ça » (l.17), « grande » (l.27, 28). On trouve également des répétitions de constructions : « il/elle (lui) dit/demande que/qui... ». Presque toutes les phrases commencent par « il » ou « elle », suivis d'un verbe.

Les constructions syntaxiques, qui privilégient la juxtaposition, permettent aussi de mettre bout à bout une série de faits, d'observations, d'actions, de dialogues, qui se suivent, se superposent ou se juxtaposent. La brièveté des phrases et leur simplicité renforcent aussi cette idée d'un présent fait d'instants qui semblent tous destinés à durer.

Une séquence de film

Un film est – la plupart du temps – une histoire que l'on voit se dérouler en images sur un écran en entendant les personnages parler. Dans ce texte, on dirait que l'auteur nous raconte un film qu'elle est en train de (re) voir, dans sa mémoire. Ce film est l'histoire de sa rencontre avec un Chinois, et ce qu'ils se sont dit. C'est pourquoi aussi, le film étant raconté par écrit, les dialogues sont souvent rapportés au style indirect : « il dit que » (l.14), « il répète que » (l.18).

Mais parfois c'est le style direct qui affleure soudain à la fin d'une phrase au style indirect : « non merci » (l.8), séparé seulement par une virgule de « Elle lui dit qu'elle ne fume pas » (l.7-8). On trouve encore :

« c'est bien ça, n'est-ce pas ? » (l.16-17). Et la réponse – « Oui c'est ça » (l.17) – n'est pas marquée typographiquement comme c'est le cas lorsqu'un dialogue est rapporté dans un récit. Le style direct est également amené de façon plus détournée, annoncé par un pronom : « il **le** lui demande : mais d'où venez-vous ? » (l.12)

Ailleurs, le style indirect se poursuit en indirect libre (les paroles du personnage sont rapportées comme dans le style indirect, mais sans être annoncées par un verbe déclaratif suivi de « que »). Prenons-en comme exemple : « Elle est si jolie, elle peut tout se permettre » (l.24). Enfin, c'est le style indirect libre (« une jeune fille belle comme elle l'est », l.19) qui peut être du style direct (« vous ne vous rendez pas compte », l.20). Il se produit ici un effet de contamination qui permet de suivre comme une double conversation : ce que l'homme dit à la jeune fille et ce qu'il se dit à lui-même. La narratrice donne ainsi à voir et à entendre ce qui s'est passé, mettant le lecteur en position de spectateur ou même de voyeur.

TROISIÈME AXE DE LECTURE

ENTRE AUTOBIOGRAPHIE ET ROMAN

Marguerite Duras a dit qu'on lui avait demandé de mettre « roman » comme sous-titre à *L'Amant*. Elle ne l'a pas fait, en ajoutant : « Qu'on dise " roman " ou non, au fond, ça les regarde, les lecteurs. La lecture, c'est le roman. »

Pacte autobiographique et pacte romanesque

En déclarant, comme nous l'avons dit au début de cette étude, que *L'Amant* était son premier texte ouvertement autobiographique, et en lui conférant ainsi la force d'un aveu, Marguerite Duras semble donc s'inscrire dans le pacte de vérité qui régit le « pacte autobiographique » tel que l'a défini Philippe Lejeune. De plus, comme dans tout texte autobiographique, les éléments référentiels sont nombreux: les noms propres de lieux, par exemple, ou l'allusion à la mère institutrice et à la concession achetée et ruineuse.

Toutefois, nous avons déjà remarqué que ce récit est écrit à la troisième personne (bien qu'il ait commencé, dans les pages précédentes, à la première personne : « je »). D'autre part, certains éléments de la réalité racontée sont invérifiables: l'homme n'a pas de nom; quand la jeune fille lui demande « qui il est » (l.25), il parle de ses études à Paris et de là où il habite. Et quand elle lui demande « ce qu'il est » (l.29), il donne sa provenance nationale. Ce texte semble donc s'apparenter plutôt au sous-genre du roman autobiographique ou de l'autofiction car, tout en rapportant des événements réellement vécus par l'auteur, il conserve certaines caractéristiques formelles proches du genre romanesque.

Mémoire et fantasme

Malgré la profusion de détails dans la description des personnages et de leur comportement, on voit cependant que Duras est indifférente au réalisme. « La limousine » (l.1) ou la « cigarette anglaise » (l.2) de l'homme ne servent qu'à renforcer son élégance et sa richesse. De même que le chapeau d'homme et les « chaussures d'or » (l.3) de la jeune fille servent à souligner son aspect « original » (l.23) et « extraordinaire » (l.18). La vérité est subjective. En racontant une scène capitale de sa vie, la narratrice nous présente une scène visionnaire: elle est bien forcée de l'imaginer puisqu'elle ne peut l'avoir « vue ».

Ce dédoublement ressemble à celui du rêve où l'on revit des événements du passé mais remis en scène par notre inconscient qui redistribue les rôles. Celui qui rêve a d'ailleurs toujours le rôle principal! L'élément rêve est d'ailleurs présent dans le texte: « il croit rêver » (l.10). Le personnage masculin ne sait pas lui-même si ce qu'il voit est vrai, tellement « c'est tout à fait extraordinaire » (l.18).

La vérité de l'écriture

En fin de compte, on peut dire que seule l'écriture donne valeur d'existence aux événements anecdotiques rapportés. C'est en posant son regard sur ses personnages que la narratrice se révèle à elle-même. La langue, dans ce texte, représente une sorte d'ascèse : constructions syntaxiques élémentaires, choix de mots simples et souvent répétés. En ayant recours à un style neutre, dépouillé, l'auteur cherche à restituer l'essentiel. C'est la force d'un souvenir qui est comme détaché du temps, dans un présent éternel. C'est la force d'une écriture qui donne à voir, en plans fixes, ce qui n'est que le travail d'un écrivain. L'écrivain Duras n'a-t-elle pas déclaré : « L'histoire de votre vie, de ma vie, elles n'existent pas [...], le roman de nos vies, oui, mais pas l'histoire. »

CONCLUSION

Nous avons donc vu, à travers ce texte, comment peut fonctionner un roman autobiographique : entre les éléments de la réalité et l'élaboration de la mémoire, entre vérité et imagination, entre « poésie et vérité », comme l'a défini Goethe pour qui la poésie était la création artistique. On pense à d'autres textes correspondant à ces mêmes critères, comme *René* de Chateaubriand ou *Adolphe* de Benjamin Constant. Plus récemment, le terme d'« autofiction », inventé par Serge Doubrovski, a servi à définir son propre récit autobiographique (*Fils*) ou les « romans » de Patrick Modiano.

Texte 3 Jacqueline Risset, *Dante. Une vie*

Autour de la naissance du petit Dante[1], les signes prémonitoires se pressent. Comme pour César, une comète apparaît au moment de sa conception : en août 1264, à Florence[2], « elle se leva à l'Orient avec une grande lumière, et parvint jusqu'au milieu du ciel, faisant resplendir sa queue du côté de l'Occident ; elle y resta visible pendant trois mois ». D'autres signes encore…

Le rêve prophétique[3] (peut-être inventé) est à peu près la seule chose que nous connaissions de Bella, de la famille des Adimari. Ou, plus exactement, la seule où elle soit supposée, en personne. Et pourtant, le lecteur des œuvres de ce berger du rêve a l'impression de posséder d'elle une mémoire intense, déposée en lui par une série d'images lumineuses – tendresse absolue et grâce botticellienne[4] – en instantanés qui surgissent et disparaissent, à toutes les étapes du voyage dans l'au-delà.

Ce voyage que Dante raconte se déroule en effet comme un tout, mobilisant le tout de l'expérience, chacune des phases de sa vie. La nouveauté bouleversante des spectacles et des paysages traversés – leur aspect violent, inassimilable,

---

1. Dante : poète italien (Florence, 1265-Ravenne, 1321), auteur d'une des œuvres les plus illustres de la littérature européenne, *La Divine Comédie* (1307-1321). Dans ce texte en vers écrit à la première personne, le poète raconte son voyage, guidé par Virgile, à travers l'Enfer, le Purgatoire et le Paradis qui donneront leurs titres aux trois volumes du poème.

2. *Florence*, ville d'art italienne située en Toscane sur les bords de l'Arno. Malgré les luttes politiques intérieures – à l'époque de Dante s'affrontaient les Guelfes et les Gibelins –, des mécènes surent toujours honorer les poètes et les artistes comme Dante, Giotto, Botticelli.

3. *Le rêve prophétique* : le premier chapitre de la biographie de Dante, d'où est extrait ce texte, débute par le récit d'un rêve qu'aurait fait la mère de Dante – Bella Adimari – alors qu'elle était enceinte. Dans son rêve, elle accouche d'un jeune berger qui se transforme ensuite en paon.

4. *Botticellienne* : adjectif formé sur le nom du peintre italien Botticelli (Florence 1445-1510), qui illustra – entre autres – des passages de *La Divine Comédie*.

menaçant par excès d'inconnu, même dans les plus beaux, les paradisiaques – demande pour être supportée, et transmise, l'appui sur la ressemblance avec le monde d'ici. Ainsi surgit en Enfer l'image de la mère réveillée la nuit par les flammes, qui se hâte de saisir son enfant et de s'enfuir avec lui, « ayant plus soin de lui que d'elle et vêtue d'une seule chemise », rappelant à la mémoire du lecteur une vision bien moins dramatique, mais baignée de la même confiance éblouie: l'évocation de la jeune mère de Stendhal bondissant, légère et demi-nue, par-dessus le lit de son fils ensommeillé…

Bella eut peut-être à faire elle-même ce geste de sauver son enfant des flammes. Les chroniques racontent que Florence vivait à cette époque dans le risque constant des incendies, provoqués souvent par des vengeances personnelles: le feu était mis de loin, au moyen de flèches enflammées ou d'une sorte de bombe incendiaire, de récente invention, qu'on appelait « feu travaillé ».

INTRODUCTION

Situer le passage

Le poète italien Dante Alighieri est surtout connu pour son chef-d'œuvre unanimement admiré: *La Divine Comédie*. Cet immense poème se présente comme l'allégorie d'un voyage à travers les trois règnes de l'au-delà, qui donnent leurs titres aux trois volumes: *l'Enfer*, *le Purgatoire* et enfin *le Paradis*, où triomphe la figure de Béatrice, la femme aimée. Il existe plusieurs biographies de Dante; la première fut écrite par son contemporain, Boccace. La dernière, *Dante. Une vie*, a été écrite par Jacqueline Risset après qu'elle ait retraduit en vers de facture moderne toute *La Divine Comédie*.

Dégager des axes de lecture

Situé au début de la biographie, ce texte raconte la naissance du poète, mais insiste surtout sur la figure de la mère. Les documents historiques et vérifiables faisant défaut, l'auteur fondera son récit à partir de chroniques, de légendes et de l'œuvre même du poète. Cette méthode biographique particulière donne ainsi naissance à un texte plus tourné vers la littérature qu'historique.

PREMIER AXE DE LECTURE
ÉTABLIR DES DONNÉES BIOGRAPHIQUES

Le contexte historique et autobiographique

Comme dans toute biographie, ce texte fournit des indications précises de dates, de lieux, de noms. Une curiosité cependant : ce n'est pas, comme à l'habitude, la date de naissance du personnage qui est donnée, mais celle de sa « conception » ! Elle est d'ailleurs plus ou moins exacte puisque Dante est né en 1265.

La ville de Florence, lieu de naissance du futur poète, est nommée deux fois, avec une référence aux « chroniques » (l.33) de l'« époque » (l.34). Ainsi, les témoignages historiques sur les incendies fréquents dans une ville où s'affrontaient des factions adverses (l.34-35), viennent renforcer le témoignage autobiographique : dans le premier tome de l'œuvre, *L'Enfer*, un incendie réveille la mère qui sauve son enfant des flammes. La description des techniques utilisées pour mettre le feu est extrêmement précise : « le feu était mis de loin [...] “ feu travaillé ” » (l.35-38). La biographie est ici très proche de l'essai historique, car elle utilise les mêmes sources. Ce luxe de détails ne se rapporte pas directement au personnage mais au contexte dans lequel il a vécu sa petite enfance. Il a pourtant pour effet de rendre vraisemblable, sinon véridique, que l'enfant ait été menacé et sans doute sauvé par sa mère.

La mère n'est connue, de source sûre, que par son prénom – Bella – et le nom de sa famille, Adimari. Aucun document historique ne parle d'elle. Seul son « rêve prophétique », mais il est peut-être « inventé » (l.8), évoque sa « personne » (l.11) : en effet, le récit de rêve non seulement suppose (l.10-11) un rêveur/une rêveuse, mais aussi que celui-ci ait raconté son rêve. Mais alors, qui aurait « inventé » (l.8) le rêve ? Pourtant, là aussi, l'autobiographie dantesque vient suppléer à ce manque d'informations : ce qu'on sait de la mère, c'est ce que son fils en a conservé et restitué dans son poème.

Le poème comme référence

Cette mère tendre et belle comme dans un tableau de Botticelli, nous la connaissons grâce aux « images lumineuses » (l.13-14) qui « surgissent » (l.15) dans les vers du poète. Les données de la biographie s'appuient donc sur l'œuvre poétique lue comme une autobiographie. Et cela est possible car cette œuvre prend appui, à son tour, sur « la ressemblance avec le monde d'ici » (l.23).

La méthode biographique pourrait être définie comme « déductive-inductive » : si la réalité décrite dans le texte, pour être « supportée, et transmise » (l.22-23), doit ressembler à celle du monde extérieur, alors l'image que le poète donne de sa mère ne doit pas être très éloignée de celle de la véritable Bella Adimari. On trouve donc la source la plus fiable pour évoquer ce moment de l'enfance – la mère, l'incendie – dans une œuvre où l'auteur parcourt « chacune des phases de sa vie » (l.18-19).

Il faut remarquer cependant les modalisations de l'auteur (répétitions de « peut-être », l.8, 32) qui indiquent ainsi les frontières entre ce qu'on sait et ce qu'on croit savoir du « petit Dante » et de sa mère. Finalement, c'est la « mémoire » (l.13) du lecteur de *La Divine Comédie* qui devient le garant de la beauté, de la tendresse et du courage de Bella : on ne sait rien sur elle mais on se souvient d'elle !

SECOND AXE DE LECTURE
LA POÉSIE ET LE MONDE

Un monde « nouveau » mais « ressemblant »

En intitulant son autobiographie *Poésie et Vérité*, Goethe montre qu'il est possible de réconcilier ce qui, depuis Aristote, était considéré comme antagoniste : le discours réaliste de l'histoire et le discours idéaliste de la poésie.

Ce texte présente l'œuvre de Dante, *La Divine Comédie*, comme le récit d'un « voyage » « mobilisant le tout de l'expérience, chacune des phases de [la] vie » (l.18-19) du poète. Le poème correspond donc aux conditions de l'autobiographie telles qu'elles ont été définies par Philippe Lejeune lorsqu'il inclut dans le genre les textes poétiques. Nous retrouvons dans l'œuvre de Dante une tension entre la transparence référentielle et la recherche esthétique.

En effet, les « paysages » (l.20) et les « spectacles » (l.19) que contemple le voyageur Dante sont d'une totale « nouveauté » (l.19) ; tellement nouveaux, inédits, inconnus que leur description risque de ne pas être comprise du lecteur. Les trois adjectifs « violent, inassimilable, menaçant » (l.20-21), caractérisent bien sûr la qualité et la valeur de ces visions en même temps que leur effet sur le lecteur : le monde poétique est difficile à supporter (l.22). Nous verrons que ce verbe a une valeur double.

Le poète, conscient de cet effet, va donc donner au monde qu'il a créé une « ressemblance avec le monde d'ici » (l.23), c'est-à-dire le monde réel. Il n'y a pas d'opposition ni de confusion entre réalité et fiction. Remarquons à ce sujet les deux verbes au participe passé – « supportée » (l.22) et « transmise » (l.22-23) – et le substantif « appui » (l.23) qui désignent aussi le travail du poète et son objectif : pour transmettre sa vision des mondes infernaux et paradisiaques – « les plus beaux » (l.21) –, il a besoin d'un support, d'un appui : celui du monde connu des vivants.

La mère et les images

Le personnage de la mère n'est pas connu à travers un récit continu, mais à travers des “images” (l.13). L'auteur de la biographie utilise ici des métaphores visuelles pour expliquer le procédé dantesque : la caractéristique lumineuse (l.14) de ces images donne l'impression d'une sorte de flash ou de projecteur qui soudain, dans les vers, permet de voir la mère. Ces « images » sont des sortes de photographies : les « instantanés » (l.15) sont des clichés obtenus pour une exposition de très courte durée. Et, en effet, ils « surgissent et disparaissent » (l.15), d'un chant à l'autre.

Une autre image de la mère « surgit en Enfer » (l.24) – c'est-à-dire dans la première partie du poème *L'Enfer*. La métaphore se fait ici plus précisément filmique, car il y a mouvement et déroulement d'une séquence. Dans la scène évoquée, l'obscurité de la « nuit » (l.24) est trouée de « flammes » (l.25) ; ce sont elles qui éclairent ce « geste » (l.32) de la mère : « sauver son enfant des flammes » (l.32).

Le thème de l'incendie, évidemment proche, dans l'imagerie traditionnelle des supplices de l'Enfer, confère ainsi à cette scène une forte charge émotionnelle et dramatique. La tendresse et la beauté « botticellienne » (l.14), évoquées plus haut, fusionnent maintenant avec le courage et l'amour maternel. On pense aussi à un tableau : la « grâce » (l.14) de cette « jeune mère » (l.29) – confondue avec la mère de Stendhal - est soulignée par son mouvement – « bondissant » (l.29-30), « légère » (l.30) – et par une présence physique parée d'érotisme : elle est « demi-nue » (l.30). Désirable et désirante (de sauver son enfant), telle apparaît donc celle que nous a fait connaître le poème dantesque, « Bella » (l.32).

Dante a perdu sa mère alors qu'il n'avait pas encore dix ans. Il est donc normal qu'il ait gardé d'elle le souvenir d'une femme jeune, belle et désirable. Évoquée « à toutes les étapes du voyage dans l'au-delà » (l.15-16), elle devient l'emblème du féminin et de l'amour, comme Béatrice, la jeune fille aimée et perdue, pour qui *La Divine Comédie* fut écrite. Que ce soit le Paradis, le Purgatoire ou l'Enfer, le monde que traverse le poète, est « un tout » (l.17-18). De la même façon, la mère Bella semble représenter toutes les femmes et tout l'amour. Et enfin Dante lui-même, l'enfant, le « berger du rêve » (l.12), l'adulte florentin et le poète admirable, ne sont qu'une seule et même personne. C'est ce que Jacqueline Risset en lectrice attentive et passionnée a su nous apprendre sur son « modèle ».

TROISIEME AXE DE LECTURE
UNE ÉCOUTE « LÉGENDAIRE-CRITIQUE »

Mais la biographe n'est pas seulement historienne et lectrice. Elle sait aussi écouter les légendes qui ont fleuri autour de ce personnage mythique que fut Dante. En utilisant l'épaisseur du mythe qu'elle déchiffre de façon critique, Jacqueline Risset va aussi – à la suite de Dante – faire place à l'imagination et au rêve.

« Les signes prémonitoires » et le « rêve prophétique »

On raconte que les naissances des grands hommes ont toujours été précédées de signes prémonitoires. La comparaison avec César, le Romain le plus célèbre et le plus puissant, est flatteuse pour celui que l'on peut considérer comme le Prince des Poètes. La position centrale de la comète, dont la « grande lumière » (l.4) va de l'Orient à l'Occident, est à la fois une métaphore de l'extension que prit l'Empire romain après les conquêtes de César et de l'ampleur de *La Divine Comédie* qui explore tous les aspects de l'au-delà. Si César régna sur les vivants, Dante a parcouru le royaume des morts. Mais ces deux mondes, loin de s'opposer, sont souvent comparables et parfois superposables. C'est ce que suggère en tout cas cette comparaison initiale. Dans la phrase « D'autres signes encore... » (l.7), les points de suspension laissent ici supposer l'extension de la légende; la biographe semble renoncer à les énumérer : ce n'est pas l'anecdote qui compte mais la provenance des informations.

Un autre récit légendaire concernant la vie de Dante est celui du « rêve prophétique » de la mère: il est en effet « peut-être inventé » (l.8). Mais comme c'est « à peu près la seule chose que nous connaissions de Bella » (l.8-9), il va servir à établir la biographie du poète. Ce rêve permet aussi à l'auteur d'utiliser une belle expression pour désigner le poète: « ce berger du rêve » (l.11-12). On peut d'ailleurs la lire à deux niveaux. D'une part, en référence directe avec le récit qui a précédé, il s'agit bien de l'enfant devenu berger dans le rêve de Bella. Mais l'expression peut aussi signifier que Dante est le gardien du rêve, celui qui veille sur les rêveurs que nous sommes.

L'imagination biographique

Alors, en rêvant sur le texte de Dante, *L'Enfer* précisément, l'auteur va laisser affleurer à sa mémoire un autre texte, écrit cinq siècles plus tard environ, l'autobiographie de Stendhal. Dans *La Vie d'Henry Brulard*, Stendhal rapporte en effet une scène analogue d'un incendie dont sa mère l'aurait sauvé, « ayant plus soin de lui que d'elle et vêtue d'une seule chemise » (l.26-27). Cette « vision » stendhalienne vient donc servir de support à l'« image » dantesque, se superposant à elle: la mère d'Henry Brulard et celle du « petit Dante » ne font plus qu'un.

C'est en tout cas ce que suppose la biographe qui, après avoir donné à voir Bella dans cette « jeune mère de Stendhal » (l.29), tempère cette confusion: « Bella eut peut-être à faire elle-même ce geste de sauver son enfant des flammes » (l.32-33). Et elle justifie aussitôt cette supposition par un fait historique avéré: il y avait de nombreux incendies à Florence à cette époque.

On constate ici qu'un texte en appelle un autre, une image en suggère une autre; le personnage et son œuvre sont comme une chambre d'échos où entrent en résonance l'auteur de la biographie et son sujet. L'élan lyrique qui caractérise cette biographie est sensible dans des notations telles que le « petit Dante » à la première ligne, ou l'adjectif « bouleversante » (l.19) qui qualifie la nouveauté des « paysages » (l.20). De la même façon, « tendresse absolue » (l.14) et « confiance éblouie » (l.28-29) relèvent évidemment bien plus de l'imagination poétique que d'un souci d'exactitude historique.

La mémoire du lecteur

Mais ce que convoque avant tout ce texte – biographie d'un poète – c'est la mémoire. Celle du lecteur de Dante, mais aussi celle que l'on conserve de tout texte littéraire. En fin de compte, ce qu'on nous dit ici, c'est que la mère de Dante est connue, car nous possédons d'elle « une mémoire intense » (l.12-13). Ceux qui ont lu *La Divine Comédie*, n'ont plus besoin d'autres sources pour savoir comment était Bella Adimari. Et puisqu'on n'est jamais le lecteur d'un seul livre, ce sont d'autres textes qui se rappelleront « à la mémoire du lecteur » (l.27), pour l'aider à lire, à voir, à connaître, à rêver. Ici, c'est Stendhal qui joue le rôle du relais dans la mémoire.

Et c'est ainsi qu'autobiographie et biographie semblent converger : alors que pour la première « se souvenir c'est imaginer », comme disait Proust, dans le cas de la biographie, le souvenir ouvre la voie à l'imagination du biographe. C'est sa subjectivité que ce dernier affiche en revendiquant son travail de mémoire, sa capacité à élaborer des associations textuelles, son désir de faire partager son admiration pour un texte. Et le lecteur de ce texte est ainsi invité à mettre aussi en jeu sa mémoire, son affectivité, sa compétence et son plaisir de lecture.

CONCLUSION

Ce passage offre toutes les caractéristiques d'un type radicalement nouveau de biographie d'écrivain. Au lieu de séparer « l'homme et l'œuvre », la vie et l'écriture, Jacqueline Risset propose ici de lire l'œuvre et d'écouter la légende. De plus, en posant clairement les incertitudes et les doutes, elle rend plus crédible encore le travail critique accompli. Tout compte fait, puisque la vie d'autrui reste une énigme totale, il n'est pas dit que la légende soit moins « vraie » que la chronique historique. Et, de même que l'Enfer ressemble au « monde d'ici », le rêve peut devenir un moyen d'accéder à la connaissance.

Bibliographie

OUVRAGES SUR L'AUTOBIOGRAPHIE

- BUISINE Alain (dir.), *Le Biographique* (Colloque de Cerisy, 1990).
- BEAUJOUR Michel, *Miroirs d'encre,* Seuil, "Poétique", 1980.
  "Revue des Sciences humaines", n°224, 1992.
- DOUBROVSKY Serge, *Autobiographiques,* PUF, 1988.
- GUSDORF Georges, *Lignes de vie*, 1. *Les Écritures du moi*, 2. *Auto-biographie*, Éditions Odile Jacob, 1991, 1992.
- ITTI Eliane, *La littérature du moi en 50 ouvrages,* Ellipses, 1996.
- LECARME Jacques et LECARME TABONE Éliane *L'Autobiographie*, Armand Colin, 1999.
- LEJEUNE Philippe, *L'Autobiographie en France*, Armand Colin, 1971 ; *Le Pacte autobiographique*, Seuil, 1975 ; *Je est un autre. L'autobiographie, de la littérature aux médias*, Seuil, 1980 *; Le Pacte autobiographique (bis)*, Revue "Poétique", 1983.*; Moi aussi*, Seuil 1986
- MARCOU Loïc, *L'autobiographie. Anthologie,* GF Flammarion, 2001.
- MAY Georges, *L'Autobiographie*, PUF, 1979.
- MIRAUX J.Philippe, *L'Autobiographie*, Nathan Université, 1998.
- STAROBINSKI Jean, *Le style de l'autobiographie* in "Poétique", n°3, 1970 (et in *La relation critique*, Gallimard, 1978).
- VIART Dominique (dir.), *Paradoxes du Biographique*, n°263, 2001.
- ZANONE Damien, *L'Autobiographie*, Ellipses, 1996.

- Revue d'histoire littéraire de la France, N° 6, 1975, *L'autobiographie.*
- Revue "Poétique", N° 32, *L'autobiographie et l'autoportrait,* 1977 *;* N° 56, *L'autobiographie,*1983 ; N° 63, *Le biographique,* 1985.

OUVRAGES SUR LA BIOGRAPHIE

- LEJEUNE Philippe (dir), *Le désir biographique* (Colloque de Nanterre, 1988), "Cahiers de sémiotique textuelle" N° 16.
- MADÉLENAT Daniel, *La biographie,* PUF, 1984.
- MARMANDE Francis et MARTY Éric (dir.), *Entretiens sur la biographie,* Carnets Séguier, 2000.

OUVRAGES SUR LE JOURNAL INTIME

- BLANCHOT Maurice, "Le journal intime et le récit" in *Le livre à venir,* Idées Nrf, 1971.
- DIDIER Béatrice, *Le journal intime,* PUF, 1976.
- LEJEUNE Philippe, *Le moi des Demoiselles. Enquête sur le journal de jeunes filles,* Seuil, 1993.
- PACHET Pierre, Les baromètres de l'âme. Naisance du journal intime, Hatier, 1990.

OUVRAGES SUR LES RÉCITS DE VIE

- BERTAUX Daniel, *Les Récits de vie,* Nathan Université, 1997.
- BOURDIEU Pierre, "L'illusion biographique", *Actes de la Recherche en Sciences sociales,* N° 62-63, 1986.
- FERRAROTTI Franco, *Histoire et histoires de vie,* Mèridiens-Klincksieck, 1983.
- PINEAU Gaston et LEGRAND Jean-louis, *Les histoires de vie,* PUF "Que sais-je?", 1996.

OUVRAGES DE CRITIQUE GÉNÉRALE ET SUR QUELQUES AUTEURS

- ARMEL Aliette, *Marguerite Duras et l'autobiographie,* Le Castor Astral, 1996.
- BARTHES Roland, "L'effet de réel" in *Littérature et réalité,* Seuil, "Points", 1982.
- BURGELIN Claude, *"Les Mots" de Jean-Paul Sartre,* Gallimard "Foliothèque", 1994.
- CHIANTARETTO Jean-François (dir.), *Ecriture de soi et psychanalyse,* L'Harmattan, 1996.
- FOREST Philippe, *Le Roman, le Je,* Editions Pleins Feux, 2001.
- FREUD Sigmund, *Psychopathologie de la vie quotidienne,* PBP, 1979 ; *Le Président Schreber,* PUF, "Quadrige", 2001.
- GENETTE Gérard, *Seuils,* Seuil "Poétique", 1987 ; *Fiction et diction,* Seuil "Poétique", 1991.
- GODARD Henri, *Poétique de Céline,* Gallimard, 1985.
- GOSSELIN Monique, *"Enfance" de Nathalie Sarraute,* Gallimard "Foliothèque", 1996.
- GRACQ Julien, *André Breton,* José Corti, 1998.
- JAUSS Hans Robert, *Pour une esthétique de la réception,* Gallimard, 1978.

- LEJEUNE Philippe, *La Mémoire et l'oblique. Georges Pérec autobiographe,* P.O.L. 1991.
- MAUBON Catherine, *Michel Leiris en marge de l'autobiographie,* Corti, 1994.
- MIRAUX Jean-Philippe, *Le Personnage de roman,* Nathan Université, 1997.
- OMACINI Lucia (dir.), *Le Statut du sujet dans le récit de mémoire* (Actes du Colloque de Venise, 1997), Biblioteca Francese, Unipress, Padoue, 1999.
- RAYMOND Michel, *Le Roman,* Armand Colin, 1989.
- ROUSSET Jean, *Narcisse romancier,* José Corti, 1973.
- STAROBINSKI Jean, *Jean-Jacques Rousseau: la transparence et l'obstacle,* Gallimard "Tel", 1996.
- VIART Dominique, *Le Roman français au XXe siècle,* Hachette Supérieur, 1999.

Index des auteurs

Les numéros renvoient aux pages du « Profil »

Index des notions

Guide pour la recherche des idées

Les numéros renvoient aux pages du « Profil »

156 **Ponge**, Le parti pris des choses et autres recueils
28 **Prévert**, Paroles
6 **Prévost (abbé)**, Manon Lescaut
263 **Primo Levi**, Si c'est un homme
75 **Proust**, À la recherche du temps perdu
233/234 **Queneau**, Les fleurs bleues
62 **Rabelais**, Gargantua / Pantagruel
149 **Racine**, Andromaque
193 **Racine**, Bérénice
109 **Racine**, Britannicus
189 **Racine**, Iphigénie
39 **Racine**, Phèdre
227/228 **Renoir**, La règle du jeu
55 **Rimbaud**, Poésies
246 **Rimbaud**, Une saison en enfer/ Illuminations
82 **Rousseau**, Les confessions
215/216 **Rousseau**, Les confessions (Livres I à IV)
61 **Rousseau**, Rêveries du promeneur solitaire
243 **Sarraute**, Enfance
31 **Sartre**, Huis clos
194 **Sartre**, Les mots
18 **Sartre**, La nausée
209/210 **Senghor**, Éthiopiques
170 **Shakespeare**, Hamlet
169 **Sophocle**, Œdipe roi
44 **Stendhal**, La chartreuse de Parme
20 **Stendhal**, Le rouge et le noir
86 **Tournier**, Vendredi ou les limbes du Pacifique
148 **Vallès**, L'enfant
247 **Verlaine**, Fêtes galantes et autres recueils
218 **Vian**, L'écume des jours
262 **Voltaire**, Candide
113 **Voltaire**, L'ingénu
188 **Voltaire**, Zadig et Micromégas
35 **Zola**, L'assommoir
77 **Zola**, Au bonheur des dames
100 **Zola**, La bête humaine
8 **Zola**, Germinal
235 **Zola**, Thérèse Raquin
248 **Zweig**, Le joueur d'échecs

TEXTES EXPLIQUÉS

160 **Apollinaire**, Alcools
131 **Balzac**, Le père Goriot
141/142 **Baudelaire**, Les fleurs du mal/ Le spleen de Paris
135 **Camus**, L'étranger
159 **Camus**, La peste
143 **Flaubert**, L'éducation sentimentale
108 **Flaubert**, Madame Bovary
110 **Molière**, Dom Juan
166 **Musset**, Lorenzaccio
161 **Racine**, Phèdre
107 **Stendhal**, Le rouge et le noir
236/237 20 textes expliqués du xvie siècle
220 **Verlaine**, Poésies
104 **Voltaire**, Candide
136 **Zola**, Germinal

BAC 2002 QUESTIONS TRAITÉES

Bac lettres T^{le} L/ES : les questions d'oral et d'écrit

PROFIL HISTOIRE LITTÉRAIRE

114/115 50 romans clés de la littérature française
174 25 pièces de théâtre de la littérature française
119 Histoire de la littérature en France au xvie siècle
120 Histoire de la littérature en France au xviie siècle
139/140 Histoire de la littérature en France au xviiie siècle
123/124 Histoire de la littérature en France au xixe siècle
125/126 Histoire de la littérature en France au xxe siècle
128/129 Mémento de la littérature française
151/152 Le théâtre: problématiques essentielles
179/180 La tragédie racinienne
181/182 Le conte philosophique voltairien
183/184 Le roman d'apprentissage au xixe siècle
197/198 Les romans de Malraux : problématiques essentielles
201/202 Le drame romantique
223/224 Les mythes antiques dans le théâtre français du xxe siècle
229/230 Le roman naturaliste: Zola, Maupassant
231 Maîtres et valets dans la comédie du xviiie siècle
250/251 La poésie au xixe et au xxe siècle
252/253 Les mouvements littéraires du xvie au xviiie siècle
254/255 Les mouvements littéraires du xixe et du xxe siècle
256/257 Le roman et la nouvelle
258/259 La tragédie et la comédie
260/261 Le biographique

GROUPEMENT DE TEXTES

94 La nature: Rousseau et les romantiques
95 La fuite du temps: de Ronsard au xxe siècle
97 Voyage et exotisme au xixe siècle
98 La critique de la société au xviiie siècle
106 La rencontre dans l'univers romanesque
111 L'autobiographie
130 Le héros romantique
137 Les débuts de roman
155 La critique de la guerre
162 Paris dans le roman au xixe siècle

Bussière Camedan Imprimeries
à Saint-Amand (Cher), France.
Dépôt légal : août 2001. N° d'édit. : 14828. N° d'imp. : 013661/1.